子どもの臨床発達心理学

未来への育ちにつなげる理論と支援

西本絹子　古屋喜美代　常田秀子

萌文書林
Houbunshorin

はじめに

［本書の特徴］
子どもの育ちを発達の視点から支援することの基礎を理解する

　本書は、発達心理学の基礎を学び、子どもという存在を発達の視点から捉えることのおもしろさに気づき始めた人たちが、次の学びへと発展していくことをねらって執筆したものである。次の学びとは、「発達を支援するとは何か。発達の知識を、現場での問題にどのように結びつけて支援するのか」といった、支援の実際に関する学びである。

　今日、少子化や子育ち・子育て困難社会が進むなかで、子どもの育ちを巡っては多様な問題が渦巻いている。発達の障害や偏り、いじめや不登校、非行、貧困による発達格差や学力不振、児童虐待、多文化・多言語、災害の被害、性別違和など。本書は、これらのうち主だった問題に対して発達の視点から読み解き、健やかな発達に向けた支援につなぐための基礎的理解を得ることを目的としている。すなわち臨床発達心理学の基礎を学ぶことである。

　臨床発達心理学とは、発達心理学を主なベースとし、基礎研究と臨床実践を行き来しつつ展開される新しい学問である。その特徴は、人を発達的に理解することにある。発達的な理解とは、第1に、人を過去から未来へと続く時間軸のなかで捉えることである。例えば、現在何らかの不適応が生じているとしても、それを一概に「病的な心理」とはみなさない。日々変化し、未来への育ちに向かっているからこそ、新しい課題に直面している姿である、と理解する。第2に、人の姿は、生まれ持った生物学的な条件、現在の個としての心理的状況、取り巻く環境のなかで織り出される、と見ることである。第3に、典型発達か非典型発達か、障害があるかないか、という2分法で捉えるのではなく、一人一人の発達は個別のものであると理解することである。誰しもが、時間軸の進行や、環境との相互作用の下で、何かしらの支援ニーズを抱える存在なのである。

学びを通して読者に期待すること

　臨床発達心理学の学びを通して、執筆者は次のことを読者に期待したい。

　読者の未来に、発達支援の専門性を活かした職業（心理職、保育士、教師、放課後児童支援員など）が具体的に見えてきてほしい。そして、心理職のみならず保育

士や教師、放課後児童支援員、社会福祉施設職員といった、子どもの育ちに関わる
さまざまな専門職を目指す人たちに、発達の視点から子どもの問題を読み解くこと
の有効性やその魅力に気づいてもらいたい、と願う。

　また、私たちは、生涯発達のプロセスのなかで、自分自身のみならず、家族、友
人など周囲の人々が、さまざまな危機や多様な問題を背負うことを経験していく。そ
のような場合に、発達の視点から問題を捉え直したり、解決・低減したりしながら、
ともに生きていく姿勢を携えることができたらと考える。

［本書の内容・読み方］

　本書の構成は、大きく「発達の基礎概念」「障害の理解と支援」「社会のひずみと
子どもが抱える困難」「障害支援の原理と方法」の4部に分かれている。「発達の基
礎概念」では、発達的観点や発達支援のための諸々の原理（1章）、発達心理学の知
見のなかでも支援において特に重要と思われる諸理論（2章）について概説した。「障
害の理解と支援」では、代表的な4つの障害について概説した（3～6章）。「社会の
ひずみと子どもが抱える困難」では、いじめ・不登校・子どもの貧困・児童虐待とい
う、今日のわが国における社会状況と深く関わる問題を取り上げた（7～10章）。「障
害支援の原理と方法」では、支援活動を進めるための代表的な方法を解説している（11
～14章）。また、中学生以降の発達障害への支援に特有の問題を取り上げている（15
章）。以上は、基礎的な知識であるが、マニュアルではない。また、問題は時とともに
変容し、新たな問題も発生する。問題にどのように向かい合うのか、その基本姿勢
を理解していただきたい。

　各章の冒頭で、ここでどんなことを学ぶのかという見通しを得るために内容を概
説した。3～10章では、最後に発展課題「考えてみよう」をあげた。具体的な問題を
通して、内容の理解を進めてもらいたい。

　また、計8編のコラムを挿入している。執筆者は、それぞれの現場において豊か
な実践を長く積み重ねてこられた方々である。また、自身の障害に向き合う当事者
としての思いを語っていただいたコラムもある。支援実践のイメージを膨らませたり、
読者のキャリア形成にとって何らかのヒントが得られたりすれば幸いである。

西本絹子　古屋喜美代　常田秀子

目 次

はじめに　3

第Ⅰ部 | 発達の基礎概念

第1章　発達支援とは何か……10

　　1　発達を捉える視点……10

　　2　発達を支援するとは……14

第2章　発達の基盤をなす力……23

　　1　発達の根幹にあるアタッチメントの形成……23

　　2　言語の発達・他者とつながる力と自分を律する力……27

　　3　子どもの世界を拓く遊び……30

　　4　自己の発達と自尊感情……32

第Ⅱ部 | 障害の理解と支援

第3章　知的障害……36

　　1　知的障害とは……36

　　2　知的障害の子どもの特性の理解……37

　　3　子どもの特性に応じた支援……41

　　column　特別支援教育に携わって……48

第4章　自閉症スペクトラム障害（ASD）……49

　　1　自閉症スペクトラム障害とは……49

　　2　自閉症スペクトラム障害の特性の理解……53

第5章　注意欠如・多動性障害（ADHD）……62

　　1　ADHDとは……62

　　2　ADHDの発達的変化……65

　　3　ADHDの治療・教育……70

第6章　学習障害（LD）……74

　　　1　LDとは……74

　　　2　LDと発達……79

　　　3　LDと自己形成……80

　　　4　LDの支援……81

　　　column　通級指導学級から特別支援教室へ：小学校の場合……86

第Ⅲ部 ｜ 社会のひずみと子どもが抱える困難

第7章　いじめ……88

　　　1　いじめの現状……88

　　　2　いじめとは何か……92

　　　3　いじめへの対応……97

　　　4　ネットいじめ……99

第8章　不登校……101

　　　1　児童期・思春期の心理と不登校……101

　　　2　不登校の意味と支援……105

　　　3　発達障害と不登校……108

　　　4　保護者支援と連携ネットワーク……110

第9章　子どもの貧困……114

　　　1　子どもの貧困とは何か……114

　　　2　貧困が子どもの成長・発達に及ぼす影響……119

　　　3　子どもの貧困への支援……121

第10章　児童虐待……125

　　　1　児童虐待の現状……125

　　　2　児童虐待の要因……127

　　　3　虐待された子どもの発達過程と予後……131

　　　4　虐待防止への支援と虐待の治療……134

column　児童相談所や児童養護施設における心理職の役割……138

column　災害支援という場での心理職：

被災地外からの支援者のあり方……139

第Ⅳ部｜障害支援の原理と方法

第11章　アセスメント……142

1　アセスメントとは何か……142

2　アセスメントの方法……146

第12章　支援活動の展開……154

1　アセスメントから支援へ……154

2　支援の場の構造……159

3　さまざまな支援の理論や技法……161

4　包括的支援のための留意点……164

column　療育機関で働くということ……166

第13章　コンサルテーションと地域支援……167

1　障害のある子どものための支援機関……167

2　コンサルテーションとは何か……168

3　コンサルテーションとしての巡回相談……170

4　子ども集団と組織としての職員集団の成長……175

column　学童クラブで「共に育ち合う」ということ……179

第14章　家族支援……180

1　多様な家族支援のシステム……180

2　親の子ども理解の深まりと関わり方への支援……182

3　親の心理的安定を支える支援……185

4　障害の受け止めときょうだい支援……188

column　「自分でいいんだ」を支える子育て支援……192

第15章　障害と青年期……193

　　1　発達障害のある人にとっての青年期……193

　　2　発達時期ごとの発達と支援……198

　　column　私が大学生活のなかで得たもの……204

　おわりに……205

　索引……207

【凡例】
・本書の事例は、注釈がない限り、筆者自身の実践や発達支援の現場における聞き取りなど、実際のエピソードに基づくものである。ただし各章の学びに合わせて複数の事例を組み合わせるなど、適宜改変している。
・「放課後児童健全育成事業」として事業を実施する施設名称は設置者によって異なるが、本書では「学童保育所」とする。また、「放課後児童支援員」は、本文中では「児童支援員」と略している（事例内では初出を「児童支援員」、以降は「支援員」と略記）。

第 I 部

発達の基礎概念

第1章 | 発達支援とは何か

　子どもを「発達の観点から理解する」「発達の観点から支援する」とはどういうことだろうか。本章では、3つの「発達的観点」の意味を理解し、そのうえで、発達支援の考え方の基礎となるモデルや原理を学ぶ。そして発達に障害や偏りがあるとはどういうことか、について基礎的な知識を得る。

1 | 発達を捉える視点

　人は受精卵からスタートし、死に至るまで変容し、発達し続ける。目の前にいる子どもを理解しようとするとき、この「発達」という見方、「発達的観点」に基づくことが重要である。発達的観点には3つの側面がある（麻生、2018）。

1.1 | 時間的・発生的な側面から捉える

　第1に、時間的・発生的な側面から捉える視点である。子どもの姿は、人類の進化や時代の流れ、家族の歴史という大きな時間軸を背景に、過去から未来へと続く、個としての発達の時間的な流れのうえに成り立っている。過去どのように育ってきたのか、そして未来にどんな発達の課題が待ち受けているのか、という視点から理解する。

　例えば、こんな子どもがいるとしよう。「4歳児クラスの男児Aくん（5歳）は、最近、母親の仕事が増え、保育時間が早朝から夕方遅くまでと長くなった。今まではブロックの製作や図鑑を見るなどの一人遊びが好きで手がかからなかったのに、友だちとのトラブルが急に目立ってきている。ぶったり蹴ったりするなどの暴力を振るうこともあり、保育士にも以前より甘えるようになった」。そのようなとき、この子どもの姿の原因を、「お母さんに余裕がないから、家で過ごす時間が少ないから、情緒不安定になった」などと、親子関係や家庭生活の問題に帰着させる考え方があるかもしれない。しかし、家族が作り上げて

10　第I部　発達の基礎概念

きた歴史のうえにある現在の家庭のありようは、そう簡単に判断できるもので
はない。また、仮に家族の生活が心のゆとりをもちにくいものになったとして
も、その点にのみ子どもの「不適応」の原因を帰すことは、後述する第2の発達
的観点からの見方にも即さないし、第1の発達的観点に立つ見方とはいえない。

　子どもは4歳を超える頃から、日常会話には困らなくなり、大人を介さない
子ども同士のつながりの世界に入っていく。子ども同士のやりとりや遊びや活
動のなかで、自己主張する力と自己抑制する力を身につけていく。「心の理論」
（第2章参照）を獲得し、自分と異なる他者の行動や考えがより理解できるよう
になり、それに伴い、子ども同士の遊びやコミュニケーションは、より複雑に、
難しくなり、だからこそ、それまでにはなかったいざこざや葛藤を経験してい
く。

　Aくんの場合、それまで「一人遊びが好き」だったけれども、ようやくまわ
りの子どもへの興味・関心が芽生え、仲間との関係のなかで生きていく、とい
う次の発達の課題が見えてきた。だからこそ、関わろうとするが、うまくいか
ないことを経験するようになった。適切に言葉を使って自己主張し、自己抑制
しながら、いざこざを解決する力を身につけるという課題の獲得に踏み出した。
幼児期後期から学童期へと進むプロセスにある子どもとして発達しているから
こそ、その必然として生じる姿である。

　また、「一人遊びが好きで手がかからなかった」のは、「一人遊びしかできな
かった、一人遊びが好きだとして手をかけていなかった」のかもしれない。「甘
えるようになった」のは、課題を乗り越えようとするとき、受け止めてくれる
大人の支えを必要としているということである。成長していく集団のなかで、
子どもたち一人一人が、時々刻々と新しい課題に直面していく。保育者・教師
には、それを乗り越えていけるよう、「安全基地」として心を支えながら、次
の新しい学びを手助けする役割がある。

　マイナスに見える行動は、それが子どもにとって乗り越えるべき発達課題で
あるからこそ危機となって表れる。一見「問題行動」に見える行動は、未来の
発達に向かうための危機と考え、「どうしたらトラブルを減らせるか」という、
その場の適応を目指す支援ではなく、成長へのチャンスと捉え直し、問題を起
こしている発達の課題にアプローチしたい。

第1章　発達支援とは何か　　11

1.2 | 「生物・心理・社会」の３側面から捉える

　現在の子どもの姿は、遺伝的な要因（生物学的条件）、子どもの現在の心理的な状態（運動・認知・言語・社会性などの発達レベルやその特徴、能力）、家庭や園など子どもを取り巻く環境のあり方や、保育者・教師や、友だちなどまわりの人々との関係性（社会・文化的環境）といった、３つの要因が相互に絡み合って表れている。すなわち、「生物・心理・社会」の３側面から包括的に捉える。

　なかでも、環境の要因を広く捉えることが重要である。「生態学的な環境」（Bronfenbrenner, 1979）の考え方では、人は５つの環境に囲まれ、影響を受ける。幼児を例にとれば、まず、家族や園の保育者、園の構造など、子どもを直接取り囲み、子どもが直接関わる人・場という環境（マイクロシステム）がある。そこに、担任保育者と園長との関係、親と担任保育者との関係などの、子どもに直接関わる人や場同士の関係のあり方（メゾシステム）が影響する。そのまわりに、子どもに直接関わる人や場の背後にある環境（エクソシステム）が取り囲む。例えば、親の職場環境や、保育者の家族関係、地域の保育行政機関などがそれにあたる。これらの背後には、社会・文化のありよう、思想・価値観などの信念体系など、大きな環境（マクロシステム）が関与する。そこに、時間という文脈（クロノシステム）が絡む。家族の誕生や死、入学・卒業などの、人生に避けて通れないライフ・イベントが日々の姿や発達に影響を与える。また、狭い意味での時間の環境としては、現在の時間（曜日や一日のなかの時間帯、その前後のエピソードなど）が影響する（図1-1）。

　園や学校のなかでの子どもを理解するときには、そういった、今、ここにある子どもを巡る環境のあり方を、できるだけ包括的に、具体的な文脈に即して捉えること、すなわちアセスメント（第11章参照）が重要である。

　前述のＡくんの例でいえば、生来の何らかの発達の偏りがあり、現在の発達において言語発達や社会性の発達に弱いところがあるかもしれない。しかし、それだけでは問題は生じない。園という環境のなかで、トラブルになりやすい場面、お互いにトラブルを引き起こしやすい子ども、日頃の友だち関係のありよう、トラブル時の保育者の介入の方法、日頃の保育者との関わりや信頼関係、保育者間の連携、クラスの保育内容、保育者の「こうあってほしい」という子

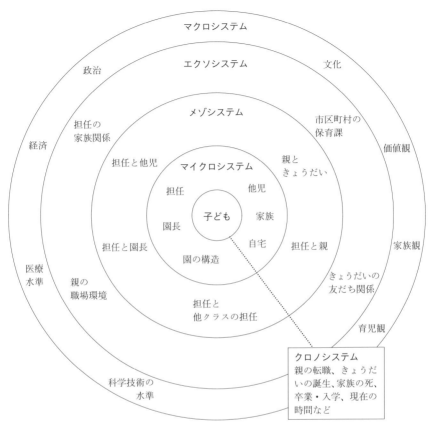

図 1-1　生態学的な環境
出典：Bronfenbrenner（1979）を基に筆者作成

ども感など、さまざまな事柄が絡み合って子どもの姿を作り出している。

1.3 │ 一人一人が異なり誰しもが支援ニーズを抱え得る

　どんな人でも、発達の経過で、環境との相互作用のなかで、「問題」や「危機」を表したり、あるいはより健康な姿を表したりすることを繰り返しながら発達していく。そして「健常」だったとしても生涯発達のなかで「障害」を抱えるかもしれないし、ライフサイクルの進行とともに、見えなかった問題が思いも

よらず見えてくることもあるだろう。人は「障害があるか、健常か」「典型発達か、非典型発達か」と二分されるものではなく、発達は一人一人個別のものであり、誰しもが時と場合によって支援ニーズを抱え得る、と見る。すなわち、後述するインクルージョンの考え方である。

　仮に子どもに何らかの障害の診断名がついていたり、心理的な問題による「症状」があったりしても、子どもの姿や問題は「○○障害」「○○症」という病名によって固定されてつくられるものではない。知能検査の数値やプロフィールが類似していても、その発達は一人一人異なる。さらに、その時々の取り囲む環境や人との関係、支援のあり方によっても、さまざまに変わり得る。診断名があるから支援ニーズがある、のではなく、どんな子どもであっても、支援ニーズが見えてくれば「支援を要する子ども」なのである。それはまた逆に、今、子どもに何らかの問題や弱さが現れているとしても、どこかに健康で強いところやよいところをもっているということでもある。トラブルにならない場面、得意なこと、スムーズに参加できる活動や相手、「こんなふうに声をかけるとAくんはルールを理解しやすい」など、何かしらのよさやポジティブな部分があるはずである。「問題を抱える」とは人間として一般的なあり方である、と理解すると同時に、問題があってもどこかに強みももつ存在であると見る。

2　発達を支援するとは

2.1 支援の考え方の原理　ICF モデル

　「障害がある」「健康である」とは、1で述べたように、個人のなかに固定されてあるものではなく、環境や支援のあり方によって変わる。この考え方の原理を示しているものが、2001年にWHOが提唱したICFモデル（国際生活機能分類）である（図1-2）。ICFの考え方の特徴は次の通りである。

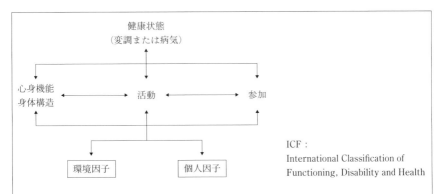

図 1-2　ICF 国際生活機能分類モデル（WHO）
出典：WHO（2001）を基に筆者作成

2.1.1　健康状態は 3 つの次元から定義される

　すべての人の生活のありようや健康かどうか（生活機能）は、「心身機能・身体構造」「活動」「参加」の 3 つの次元から捉えられる。「心身機能」は身体系の生理的または心理的機能であり、「身体構造」は器官・肢体とその構成部分などの解剖学的部分である。「活動」は、個人による課題または行為の遂行の次元で、「参加」は、生活への主体的な関与の次元である。それらに環境因子と個人因子が影響を与える。健康であるとは「生活機能」全体が高い水準にあることを示している。各次元が問題を抱えた状態を「機能障害（構造障害を含む）」「活動制限」「参加制約」といい、その総称を「障害がある」と呼ぶ。例えば、発語が困難なダウン症の子どもには、しばしば構音障害や難聴など、心身機能・身体構造に制約がある。しかし、5 歳のときの言語能力やコミュニケーション能力（活動）は、それまでの養育・保育・医療などのあり方、それを成り立たせている法律などの制度や行政の施策などによって左右される。さらに、サイ

ン言語やアプリケーションソフトなどの補助代替コミュニケーション手段
（AAC）を使ってまわりとやりとりができれば、それらの手段がない場合に比べ、
社会的な活動の場が広がり、参加のレベルがぐんと上がるだろう。

2.1.2　健康状態は各次元と背景因子が相互に関連し可逆的に生じる

　人がどの程度健康かどうかは、病気や狭い意味での「障害」のような単一の
もので決まるのではなく、固定されてもいない。「心身機能・身体構造」「活動」
「参加」という3つのそれぞれのレベルに2つの背景因子が影響しあい、可逆
的に相互作用しあう、総合的・力動的なものとして捉えられる。例えば、「身
体障害があるために、自力で歩くことができない。その結果、通常学級への進
学が難しい」など、病気や心身の機能・構造障害によって活動のレベルが下が
り、それによって参加が困難になる、といった一方向的な因果関係が想定され
やすいだろう。しかし、参加に制約がかかることによって、移動能力や対人・
社会性の発達が阻害され、身体機能までもより損なわれる、という逆方向の影
響もある。一方、多くの参加の機会に恵まれることで、移動能力や社会性など
の活動のレベルが上がり、身体機能の向上にも及ぶことがある。

2.1.3　3つの次元から総合的に支援する

　支援は、障害のある子どもの標準ではないところを、標準になるよう「治す」
こと（「医学モデル」）ではない。生物学的側面、心理的側面、社会的側面の3
つの次元における制限や制約に対し、それぞれに働きかけ総合的に支援する。
これを「生物・心理・社会モデル」と呼ぶ。

2.2 ｜ インクルージョンとは何か

　1960年代に北欧諸国から「障害者も、健常者と同様の生活ができるのが通
常の社会であり、そのような社会の実現を目指すべきだ」という「ノーマライ
ゼーション」の考え方が広がった。その考えに基づき、1970年代の欧米を中
心に、障害のある子どもを障害のない子どものなかに「統合」して教育しよう
とする「インテグレーション」という動きが起こった。日本においても、1970

年代半ば頃から、障害児保育の制度が立ち上がっていった。

　しかしながら、インテグレーションとは、障害のある人をない人のなかに入れる、という二分法的な発想に立っていた。現在は、人は一人一人異なっているという前提に立ち、さまざまな存在を包み込む（「包括」）、共生する社会をつくろうという「インクルージョン」という考え方に進んでいる。

2.3 ｜ 発達障害・発達に偏りがあるとは何か

　発達障害の診断は、医師によって、アメリカ精神医学会の「精神疾患の診断・統計マニュアル（DSM）」、またはWHOの「国際疾病分類（ICD）」に基づいて行われる。DSM-5によれば、発達障害[1]は、知的能力障害群、コミュニケーション障害群、自閉症スペクトラム障害（以下、ASD）、注意欠如・多動性障害（以下、ADHD）、限局性学習障害（以下、LD）、運動障害群、他の神経発達障害とされる。そして、「発達障害と診断された子ども」から、診断のない「発達の偏りのある子ども」や「得意・不得意の差が大きな子ども」は、後述するように、スペクトラム（連続体）である。本項では、「発達障害」から「発達に偏りのある子ども」にも共通の特徴があるとし、発達障害を概説する。

2.3.1　基盤に生物学的な制約がある

　発達障害は、不適切な育てられ方や親子関係などの後天的な原因によっては生じない。生物学的な制約、多数の遺伝子レベルの素因が働く。そしてそこには、環境要因、例えば父母の高年齢出産、出生時低体重、体外受精、大気汚染などのリスク要因が相互作用することが検証されつつある（杉山、2009）。木村 - 黒田ら（2014）によれば、特に胎児期・小児期において、農薬などの環境化学物質に曝されることが、「発症しやすさ」を決める遺伝子に対し、発症の引き金を引く大きな環境要因であるという。

＊1　DSM-5において、発達障害は日本語訳で「神経発達症」または「神経発達障害」と表記されているが、本書では「発達障害」と記す。

2.3.2　状態や支援ニーズは発達とともに個別に変化する

　状態や問題は、発達が進むにつれて、姿を変え、一人一人個別に現れてくる。個々の遺伝的な制約のうえに、発達段階が進むとともに発達の質的変化や高次機能が、取り巻く環境や個々の経験と相互作用しながら現れ、子どもの個としての育ちが形成される。そのような、支援の質を含む、総体としてのある時期の育ちが、次の、さらにその先の発達を決めていく。例えば、幼児期に「中程度の ASD」と診断された子どもが、質の高い支援に恵まれ、小学校高学年頃には多くの人とかなりスムーズにコミュニケーションができ、遊びを通して子ども同士で楽しく関わることができるようになった例がある。逆に、幼児期に「ASD の傾向」とされた子どもが、知的能力の高さのために適切な支援を受ける機会を逸し、対人関係や集団のなかでの不適応がどんどん進み、小学校に入学した頃には、授業にもほとんど参加できない、という例は珍しくない。

　また、ライフステージが進むとともに、まわりの人々の、その子どもの障害・問題に対する見方や、問題の見え方、支援ニーズも変わってくる。例えば、「他者とのコミュニケーションがうまくとれない」子どもが 5 歳であれば、保育者は「どうしたら友だちと楽しく遊べるようになるか、どうしたら集団活動に参加できるか」と悩むかもしれない。しかし、それが高校 3 年生であれば、社会生活に向けたスキルや自己理解への支援、進路や就職などのキャリア形成が主な支援ニーズとなるかもしれない。

2.3.3　発達障害は重なり合う

　発達障害は、しばしば、ひとりの子どもがいくつもの診断基準を満たす（図1-3）。例えば自閉症スペクトラム障害の子どもの一部には、同時に知的障害やADHD や LD がある。また、ライフサイクルに応じて、あるいは環境の変化によって、問題の表れ方や周囲からの見方が変化する。例えば幼児期にADHD や ASD と診断された子どもに、小学生になると LD の問題が見えてくる。

2.3.4　ひとつの領域の発達状況と他領域の発達が相互に影響しあう

　ひとつの領域の発達の偏りが、他の領域の発達と相互に影響しあいながら発達していく。例えば多動で不注意がある場合、人と適切に関わり、年齢相応に

18　第 I 部　発達の基礎概念

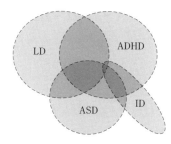

ADHD：Attention-Deficit/Hyperactivity Disorder
LD：Learning Disorder
ASD：Autism Spectrum Disorder
ID：Intellectual Disability

（注）図形の破線は、発達障害がスペクトラムであり「発達に偏りのある子」「得意・不得意の差が大きな子ども」などと連続していることを表す。

図1-3 発達障害は重なり合う
出典：筆者作成

ふるまうといった社会性の発達がなかなか進まず、学業や学校生活にもしばしば支障が生じ、自己意識や自尊感情、情動発達にも影響が及びやすい。

2.3.5 日常生活の場における支援の重要性

　発達障害は、医療機関に根治的な治療を期待できるものではない。医療機関による診断は、子どもを正しく理解し、保育や教育といった日常生活での適切な支援につなぐためにある。支援とは、園や学校などの日常の場において、個々の子どもの特徴やその成長・発達に応じ、支援方法や環境のあり方をオーダーメイドで調整しながら、その子どもなりの健やかな発達を図り、より豊かな「参加」が実現するようにしていくことである。専門的な療育は、日常の支援が良好で、そこに協働して行われる場合に有効に働く。

2.3.6 ２次的な情緒障害や社会的不適応を防ぐことの重要性

　発達障害や偏りのある子どもたちの支援においては、２次的な情緒障害や社会生活のうえでの不適応を増大させないことが非常に重要である。齊藤（2000）は、例えばADHDの子どもが、周囲からの不当な叱責を受け続け、情緒障害が進み、非常に反抗的な状態から、非行や犯罪につながる反社会性の人格に変容[*2]したり、うつ状態が進行したりする場合が少なくないことを指摘している。また、ASDの場合は、思春期以降、しばしば、うつや不安障害が合併する（神

＊2　破壊的行動障害（Disruptive Behavior Disorders）の行進（DBDマーチ）と呼ぶ。

尾、2012)。予防のためには、障害を早期に発見し、子どもの困難を子どもの側から理解し、適切な支援につなぐことが非常に重要である。

2.4 | 発達障害に対する支援の原則

2.4.1 障害の特性を正しく理解する

　診断名があれば、認知の特性や、一般的に見られやすい行動傾向を把握する。障害特性から生じる弱さや偏りに対し、「個性」として「特別扱いしない」という対応はインクルージョンではない。それは「放り投げ（ダンピング）」と呼ばれる。子どもの特性に見合った「特別扱い」する実践に踏み込み、子どもの学ぶ権利や生活に参加する権利を守る。

2.4.2 診断の有無と支援の必要性やその程度は等しくない

　発達障害は、その診断方法の特徴から、障害とそうではないものとの間は明確に二分されず、スペクトラムである。発達障害の診断は、客観的な事実（病気の部位、原因、状態）による診断ではなく、状態像によって判断され、その重症度を見る（森ら、2014）。すなわち、個人のなかでも環境やライフステージなどによって状態が変化するうえ、診断がなされている子どもと、診断名はないが気になる子どもとの間に、「明確な科学的エビデンスに基づく境界があるわけではない」（神尾、2012）。「発達障害」の診断名の有無やその等級にかかわらず、目の前に困難を抱える子どもがいるとき、その状態に応じて支援することが重要となる。

2.4.3 日常の姿に現れる障害特性を理解する

　発達障害の診断基準や、認知特性に関する文言は、医学や心理学の文脈からの、しかもかなり抽象化された定義や表現である。そのため、日常生活のなかで見る子どもの姿と障害特性が結びつきづらい。
　例えば、ASDの診断基準（DSM-5）に、次のような記述がある（概略）。
　　（1）対人的 - 情緒的相互関係の欠落。通常の会話のやりとりができない、
　　　　興味や情動を共有することが少ない、社会的相互反応を始めたり応じ

たりすることができない。

（3）人間関係を発展させ、維持し、それを理解することの欠落。社会状況に合った行動に調整できない、仲間関係のできなさや興味のなさ。

　これらの表現は、目の前の子どもの行動を直接に説明するものではなく、共通する特徴を集約したものである。日常生活の場では、子どもの見かけの「当たり前さ」や一部の能力の高さなどが前面に出てくるため、問題を障害に発する弱さとして読み取ることが容易ではなくなる。

　例えば、ASD の B くん（小学 1 年生）は、知能指数は標準以上で、難解な単語をよく知っており、算数も得意でマイナスの計算もできる。例えば学童保育でのゲーム中、「学者」というカードを引き、「学者って何？」とまわりから問われると「研究！」とすかさず答え、万単位のお札を 100 円単位のお札に素早く両替する。しかし、会話を楽しむことはほとんどなく、また、「勝つこと」のみを目的とするために、順番やルールなどを勝手に変えてしまう。それを注意されるといきなり暴力を振るうか、ゲームから抜けていく。また、「（相手の）C さんは、こういうことされてどう思うかな？」などと他者の気持ちを問われても、反応はない。学校でもルールや指示に沿って動けず、授業中も勝手なことをしていることが多いものの、授業参観で保護者の見ているところでは、1 時間、授業にほぼ参加する。そのため、担任は診断名のあることは承知しているが、「わかっているのに、怠けている。わがまま」と見ていた。しかし、B くんは、他者の思いや気持ちを理解したり、状況全体の意味を理解したりすることが苦手である。他者と感情を共有して一緒に遊び、ルールを守って適切にコミュニケーションを行いながら共同で活動することが難しいのである。

　このように、日常生活において、発達の偏りに影響されて表れる行動を、子どもの側から理解するように努めることが重要である。

2.4.4　障害特性は、今・ここにいる子どもを理解するための情報の一部分

　日常生活の文脈のなかで障害特性を理解することと同時に、障害特性だけで、あるいは障害特性から、子どもの行動を解釈しないことも重要である。「○○障害だから、こういう行動をとる」という見方をしたり、保育者や教師にとって困った行動を「○○障害の症状」といった医学用語で原因を固定的に帰着し

第 1 章　発達支援とは何か　　21

たりしてはならない。診断基準や障害特性に関する文言は、結果としての「共通項」をまとめただけであって、個々の子どもの抱える困難の「原因」を説明しているのではない、ということに十分に注意したい。

　子どもの姿や行動は、前述の 3 つの発達的観点に立ち、「生物・心理・社会」の 3 側面から包括的に、そして問題はまわりの環境とともに変容するもの、として捉える。例えば、前述の B くんは、「ASD だから、他者の立場や気持ちが理解できず共同活動が苦手」なのではなく、「他者の立場や気持ちが理解できず共同活動が苦手なのは、ASD の障害特性に当てはまる」のである。そして、B くんの行動に影響を与えている要因（他者の思いやその場面の意味を仲介し B くんに合わせて説明する大人の存在、担任や児童支援員との信頼関係、まわりの子どもたちの理解、指示やルールの提示方法など環境のわかりやすさや刺激の適切さなどのありよう）を見立てて、支援につなぐのである。

●引用・参考文献

麻生武（2018）臨床発達心理士の成立とその専門性、西本絹子・藤﨑眞知代（編）講座・臨床発達心理学 2　臨床発達支援の専門性、ミネルヴァ書房

Bronfenbrenner, U.（1979）*The ecology of human development*, Harvard University Press.（ブロンフェンブレンナー、U（著）磯貝芳郎・福富護（訳）(1996) 人間発達の生態学：発達心理学への挑戦、川島書店）

神尾陽子（2012）成人期の自閉症スペクトラム診療実践マニュアル、医学書院

木村 - 黒田純子・黒田洋一（2014）自閉症・ADHD など発達障害の原因としての環境化学物質：遺伝と環境の相互作用と農薬などの曝露による脳神経系、免疫系の攪乱、臨床環境医学、23（1）、1-13

森則夫・杉山登志郎・岩田泰秀（2014）臨床家のための DSM-5 虎の巻、日本評論社

齊藤万比古（2000）注意欠陥／多動性障害（ADHD）とその併存障害、小児の精神と神経、40（4）、243-254

杉山登志郎（2009）講座 子どもの診療科、講談社

World Health Organization（WHO）（2001）*International Classification of Functioning, Disability and Health*（世界保健機関（著）障害者福祉研究会（編）(2002) ICF 国際生活機能分類：国際障害分類改定版、中央法規出版）

第2章 | 発達の基盤をなす力

　子どもの姿を理解していくためには、まず発達の基盤をなす力について学ぶ必要がある。この章では、アタッチメントの形成が対人関係を切り拓くもとにあること、言語の発達と遊びを通して子どもの世界は大きく広がること、それらはすべて子どもの自己の発達につながるものであることを理解しよう。

1 | 発達の根幹にあるアタッチメントの形成

1.1 | アタッチメントとは

　人は生涯にわたり他者との関わりのなかで生きていく存在である。アタッチメント（愛着）とは、人が他者に近接し、拠り所を得ることでネガティブな情動を低減・調節しようとする行動制御システムである（Bowlby, 1969）。また、人は安全安心を感じられてこそ周囲の世界を探索する力を発揮することができる。

　アタッチメントは人生最初の乳幼児期において重要なものであるが、実は生涯にわたり人を支える根幹をなすものである。乳幼児期においては養育者のようにいつも身近にいる存在がアタッチメントの対象であるが、徐々に重要な他者のふるまいが内面に取り込まれ、表象レベルでのアタッチメントが形成され（内的作業モデルと呼ぶ）、その人が他者とどう関わり行動するかに影響する。成長とともに、親子のみならず友人やパートナーなど、相互信頼に満ちた関係がいざというときの心の拠り所となり、その時々の危機的状況にうまく対処することが可能となる。

　では、乳幼児期のどのような親子関係の脆弱さが不安定なアタッチメントにつながるのであろうか。アタッチメントの質を捉える測定法としてストレンジ・シチュエーション法[*1]（Strange Situation Procedure : SSP）が開発されている。

[*1] 実験室に母子がいる状況にストレンジャーが入室し、母親は退室する。母子分離場面における子どもの回避行動と母子再会場面での抵抗行動を観察する。

表 2-1　アタッチメントの型と養育者の関わり方

	SSP における子どもの行動特徴	養育者の日常の関わり方
A 型 (回避型)	分離に際し、さほど混乱せず、相対的に養育者に距離を置きがちである。	子どもの働きかけに拒否的にふるまうことが多い。
B 型 (安定型)	分離に際し混乱するが、再会すると容易に静穏化する。	子どもの欲求などに相対的に敏感。相互交渉は調和的、円滑である。
C 型 (両価型)	分離の際激しく苦痛を示し、再会後もネガティブ情動を長く引きずる。	やや気まぐれで相対的に行動の一貫性が低い。
D 型 (無秩序・無方向型)	近接と回避という本来ならば両立しない行動を同時的にあるいは継時的に見せる。	精神的に不安定なところがあり、怯え／怯えさせるような行動が相対的に多い。

出典：遠藤・田中（2005）を改変

母親との分離・再会時に示す乳児の行動特徴から A、B、C のアタッチメント 3 タイプが見いだされ、その後 D 型が加えられた（遠藤・田中、2005）。表 2-1 は子どものアタッチメントの型と養育者の関わり方の概略を示している。B 型は安定アタッチメントである。A 型は養育者に距離を置く傾向にあり、C 型は養育者にアンビバレントな反応を示す傾向にある。ただし A・C 型の子どもは養育者への反応の仕方に一貫性があり、行動は整合的で組織化されている（1.2.1 参照）。これに対し、D 型は無秩序・無方向型と呼ばれ、子どもの反応に一貫性がなく組織立っていない点が大きな違いである。

　D 型では虐待など養育者からの脅威を受けた体験との関連が指摘され、安全基地であるべき養育者自身が子どもの危機・恐怖を与える張本人であることが推察される。そうした状況下では、子どもは養育者に近づくことも退くこともできない。子どもの発達において最も注意を要するアタッチメント型である。

1.2 ｜ 現代の親子関係とアタッチメント

1.2.1　アタッチメント形成と社会的サポート

　現代の親（特に母親）が抱える問題として、子育てにおける孤立化、そこから生じる育児不安の問題、家族形態や働き方の多様化のなかで親自身が抱えるストレスが絡む不適切な養育などがある。いずれも乳幼児期のアタッチメント形成に深く関わる。

例えば、子どもが生まれて間もない頃から家族内に大きな葛藤が生じていれば、親の気持ちは目の前のことでいっぱいになってしまう。このようなとき、子どもの発するサインを拾い上げる心の余裕は失われがちである。サインを出しても拾ってもらえないとなれば、子どもは最小限のサインを出すにとどめるようになっていくであろう（A型）。あるいは親自身が強いストレスを抱え気分の浮き沈みが激しいなかで、あるときは猫かわいがり、別のときは些細なことで激怒し、親の態度に一貫性がない。子どもはサインをどう出せばよいかがわからなくなり混乱してしまうであろう（C型）。このような状況では、子どもは不安定なアタッチメントを形成する可能性が高い。ただし、育児において親が子どものサインすべてを感受性高く拾うことや、ネガティブな感情を抑えこむことが求められているわけではない。生活する人間として親は子ども以外の諸事に関わるわけで、むしろ「ほどほどに」「ほどよく」子どもに関わることこそ精神的なゆとりにもつながるものである。

　平穏に生活している親子であったとしても、乳児から幼児へと成長する時期はしつけが始まる時期である。子どもは大好きな親に対して要求を出しながら、親子間で葛藤しつつ「どこまで認められ、どこからは認められないのか」を身をもって学んでいく。2歳頃はいやいや期、3歳頃は第1反抗期と呼ばれ、親にとっては忍耐をもって子どもと向き合うことが求められる時期である。そんなときに家族の協力が得られず、社会的サポート（子育て支援）ともつながれない状況では、母親が育児不安に陥る危険性は高くなる。さらに、育児不安から親子関係が悪化し、不安定なアタッチメントが固定化する悪循環に陥る危険性がある。親に対する社会的サポートが多いほど、不安定なアタッチメントは生じにくくなるといえる。

　また、アタッチメント形成に及ぼす要因には、親側だけではなく子ども側の気質という要因がある。元々の気質として、情緒的に混乱しても容易に立ち直る子どもと立ち直りが難しい子どもとがおり、親としての関わりやすさに違いがある。社会的サポートにあたっては、子どもの気質を踏まえて親の気持ちに寄り添うことが必要となる。

1.2.2 安定したアタッチメントと情動調整の力

　安定したアタッチメントを形成した子どもは、対人面で何を身につけるのだろう。2、3歳の幼児が自分なりの見通しを持ち始め、それが周囲の思いとぶつかると「だだをこねる」ことになってしまう。「今これをしたい」と主張しているのに親はわかってくれない。子どもは、自分ではどうにもできないイライラから大泣きして感情を爆発させてしまう。

　自分ひとりでは気持ちを落ち着かせることはとても難しい。そこで、大人が情緒的に混乱した子どもを受け止め、「○○したかったのね」とイライラを言葉にしてくれる。子どもはその安心のなかで落ち着きを取り戻し、どうすればよかったのかを親や保育者と一緒に考え「今はできないけれど、○○した後でやろうか」と助言を得る。さまざまな生活場面でこうした情動の安定化と調節を体験しながら、親の支えがなくても自身で情動を調整する力を徐々に身につけていくのである。親の支えなしの情動調整とは、表象レベルのアタッチメントが支えになっていることを意味する。自分だけでは対処できないときには信頼できる他者に助けを求めていけばよい、こうしたことを経験的に学んでいくのである。

1.3 ｜ 保育者や教師とのアタッチメント

　アタッチメントは親子関係だけで形成されるわけではない。信頼できる大人（保育者、教師など）との出会い、良好な仲間関係などは不安定なアタッチメントの修正につながる。保育者との安定したアタッチメントが形成された後に、親とのアタッチメントの歪みが修正される場合もある。一方で、児童期青年期の仲間関係でいじめられるなど、深刻な傷つきがその人の安全安心感をおびやかし、アタッチメントが不安定な方向に歪められる可能性がある。アタッチメントは無意識的なだけに、年齢が高くなるほどその修正は難しくなる。そのため、不安定な状況にある親子に対しては乳幼児期からの手厚いサポートが求められる。

26　第Ⅰ部　発達の基礎概念

2 言語の発達・他者とつながる力と自分を律する力

　子どもにとって言語の獲得は大きく 2 つの役割をもつ。ひとつは、親しい他者との言語によるコミュニケーションを通して認識世界を広げ、新しい関係を築くこと、社会とつながる力を得ることである。2 つには、親しい他者と経験を共にし、他者の言葉を自分のなかに取り入れ、自分を律し自己を形成していくことである（岡本、2005）。

2.1 他者とつながる力としての言語

2.1.1 3 項関係の成立

　一見受け身に見える赤ちゃんであっても、生まれながらに人への興味を示し、コミュニケーションを発達させる能力を備えている。同時に、赤ちゃんに反応する周囲の大人の応答性があってこそコミュニケーションは成立する。生後 1 年前後になれば、発語はまだなくても行動レベルで他者とやりとりするコミュニケーションの力を発揮する。この時期の子どもの力を示す行動として、社会的参照と共同注意の成立がある。

　乳児期後半（0 歳代後半）の子どもは、ハイハイなどの移動能力を獲得し周囲の環境を積極的に探索する。引き出しの中身を次々に引っ張り出すなど、大人にとっては目が離せない時期である。そんな行動（大人はいたずらと呼ぶかもしれない）をしながら、子どもは大人の表情を見るようになる。大人が褒めてくれると嬉しくなって繰り返し、否定的な表情を見せれば行動をやめるようになる。このような行動を社会的参照という。同じ頃から「ワンワンがいたね」などと同じ対象を一緒に見る、子どもが「アッ」と指さす先の犬を大人が一緒に見る、といった子どもと大人の共同注意が生まれる。「ちょうだい」「どうぞ」と玩具をやりとりしたりボールを転がしたりといった遊びが生まれる。これらは 3 項関係と呼ばれ、物を媒介して子どもと大人が相互の意図を共有するコミュニケーションが成立している（図 2-1）。このような非言語コミュニケーションが、その後の言語によるコミュニケーションの土台となる。

第 2 章　発達の基盤をなす力　27

図2-1　3項関係の例・共同注意
出典：筆者作成

2.1.2　能動性と象徴機能

　子どもと大人のやりとり遊びは、初めは大人がしかけ主導することが多いが、やがて子ども自ら遊びをしかけ主導する能動性を発揮するようになる。1歳児は、「いないいないばあ」のつもりで自ら大人や友だちに「バアッ」と声をかける。くすぐり遊びではやってもらうだけでなくやり返そうとする。コミュニケーションを開始し主導する主体としての子どもが育っていくのである。

　1、2歳児では発語面で語彙が増え、2、3歳にかけ急増していく。発語は、子どもが象徴機能を獲得したことを意味する。「帽子を取ってきて」とお手伝いを頼まれ取ってくることができる子どもは、頭の中に帽子のイメージをもっているのである。象徴機能とは、「ぼうし」という音と頭の中のイメージを結びつけることである。象徴機能により、子どもは「今ここ」を超えて、昨日のことを思い起こし、明日への見通しをもって世界を捉えられるようになり、コミュニケーションの世界は格段に広がっていく。そのなかで、自分の意図や欲求を言語にして主張していく力が育つのである。

2.2 ｜ 自分を律する力としての言語

　3、4歳の幼児はひとりごとが多い。その多くは子どもが考えていることが外言として外に出てしまうものであり、思考を支えるものである。成長につれ

他者との間で交わされた言語が子どものなかに徐々に取り込まれ内面化する（内言）。内言は思考を支え、自分で自分の情動や行動を調整していく力となる。3歳頃から小学校に上がる頃にかけてこの自己コントロールの力が育っていくのだが、小学生以降の子どもにとっても、自分の思いを表現する自己主張の力と抑制・調整する自己コントロールの力を上手に統合していくことは容易ではない。

　言語発達著しい3歳頃は、大人からかけられる言葉によって、さらにはその言葉を自分で自分にかけることによって気持ちに区切りを入れ、行動を切り替え、気持ちを立て直そうとし始める。

　4歳頃には自分なりの行動の基準ができ始め、大人の期待に応えようとする気持ちが強くなる。その一方で、できる／できないの二分的思考にとらわれ「できないのではないか」と不安になり、些細なことでパニックになることがある（神田、2004）。「○時に出かける」と約束したのはよいが、予定どおり出かけられそうもないとなると「○時を過ぎちゃう」と混乱して大騒ぎしてしまうなど、融通のきかなさ、ゆとりのなさが見られやすい。こうした時期に、親しい大人との関係にひずみが生じていると、情動コントロールがきかない、こだわりが強くなるといった「気になる」姿になりやすい。完璧でなくてよい、ここまではできた、あるいはこうすれば「できそうだ」と思えるように大人が支えることで、子どもは情動の揺らぎを乗り越えていける。

　5、6歳の幼児期後半には、子ども同士の関係が広がり、大人が間に入りながら子ども同士で考えを出し合い話し合うまでに成長する。例えば「何をして遊びたいか、どこの公園に散歩に行きたいか」について、子ども同士お互いの思いに気づけるように大人が対話をつなぐ。子どもは自分の思いと他児の思いを引き比べながら、単純に多数決で決めるのではなく「昨日行ったから、今日は別の公園でいいよ」と時には譲ったり、交渉したりする思考の力が育ってくる。言語の発達とは、言語で考え他者と関わりながら自分を律し自ら納得していく力の育ちでもあるのだ。

第2章　発達の基盤をなす力　29

3 | 子どもの世界を拓く遊び

3.1 | 子どもにとっての遊びの意味

　遊びを通して、子どもの身体的技能や知的技能、社会性が育つ。遊ぶことで欲求不満や不安を発散し乗り越える側面もある。また、河崎（1994）は遊びの中心的な心理的特徴はおもしろさにあり、内面的なさまざまな揺れ動きがあることだとしている。遊びを機能的な発達から見るにとどまらず、自己の発達につながる経験として捉えている。

　遊びとお手伝いや仕事（生き物のお世話係など）との区別は難しく、外から見て仕事であっても子どもの気持ちとしてはお母さんごっこのように手伝いをおもしろがっていたりもする。子どもの気持ちのありようで、実はさまざまな行為が遊びになりうる。そうした背景を踏まえたうえで代表的な形態として、身体性の遊び、象徴遊び、ルール遊びを取り上げよう。

3.2 | 身体性の遊び

　幼い子どもは特に、身体を動かす快感が遊びの中心的要素となる。ピョンピョン飛び跳ねたりリズムをとったり、子どもは自分の身体感覚を余すところなく使いたいと感じているのではなかろうか。また、年上の子どもの姿を見て、高いところから飛び降りるという今までやったことがないことに挑戦したいと思う。遊びのなかだからこそ少し難しそうなことにも挑戦でき、また、失敗も許される。もちろんうまくいかなければ悔しい思いをしてまた繰り返す、そうした自発的な熱中が生まれていく。練習遊びという捉え方もあるが、子どもは技能の上達だけを目的に遊ぶわけではない。むしろ、「できないかもしれない」「ちょっと怖い」、そうしたハラハラする思いを大胆にエイッと乗り越えていく自己の内面の揺れ動きがあるがゆえのおもしろさを感じている。子どもの生活環境が管理的になっていくと、身体性の遊びで十分遊びきる経験を奪うことになる。

3.3 | 象徴遊びとルール遊び

象徴遊びとは、対象を別の物で表す遊び（例：葉っぱを皿に見立てる）、いわゆる見立てやごっこ遊びである。お母さんごっこでの子どもは、母親と自分を重ねる二重化と、実際の家庭をモデルに「うそっこ」の家庭をつくる現実と虚構の二重化を行う（岡本、2005）。遊びを進めるために、虚構上の役割を一時的にはずれて「早く訪ねてきて」と要求を出したりもする。現実と虚構の区別はだんだん明確になり、こうした二重化の経験は演じている自分と見ている自分という自己意識の発達につながっていく。虚構のなかであこがれの役割を演じながら、それらしくふるまうことを通して現実を超えて大きくなったような自分を感じる経験となっていく。

ルール遊びとは、ごっこ遊びとルール遊びが入り混じったような鬼ごっこから、ドッジボールのようにルールをもとに子ども同士が競い合うものまである。同じドッジボールでも大まかなルールでお互いに気にしない幼児の遊びから、ラインを踏んだ踏まないでケンカが起きるような小学生のドッジボールまで、子どもの認識レベルや遊び仲間の関係性でルールは流動的になる。

ルールに則っているかどうか、勝ったか負けたかなど、子どもは遊びのなかでの対立や複雑な情動を経験する（例：負けて悔しかったけれど、おもしろかった）。遊びのなかで自分を抑えられずに友だちとケンカになり、大人や他児の仲立ちによって自分の葛藤を乗り越えることは多いだろう。また普段の生活ではなかなか生まれない配慮、遊びのなかだからこそ力の弱い子には手加減するなどの配慮が生まれてくる。ルールが複雑になるほど、結果として子どもは他者の視点を多面的に考えられるようになる。遊びのなかの対立はそれ以外の場面に比べると尾を引きにくいものであり、対立があるからこそ達成感もまたいっそう深まるのである。

子どもの遊びは自己の発達に関わるものである。遊びを通して子どもは現実と虚構の二重化から自己意識の深まり、複雑な情動経験による多面的な他者理解を体験している。

特に幼児期から小学校低学年頃までは、子どもがわくわくする楽しい遊びのなかで思いや気づきを言葉にすること、それを共感をもって大人が拾い、集団

生活であれば他の子どもたちにつなげていくこと、そのなかで子どもが自分の経験を思い起こして考え合うことを大切にしたい。断片的に知識を与えられても、子どもにとってのインパクトは弱い。自らが夢中になれる遊びのなかで出会う知識や情動の揺れ、人間関係が深い学びとなる。

4 自己の発達と自尊感情

4.1 自己の発達

　子どもは、その子にとって重要な大人と関わるなかで、他者の言動を徐々に自分のなかに取り込んでいく。2歳半頃から一人会話が現れ、「話しかける役－答える役」の一人二役のごっこ遊びをしたり、絵本を読んでいるときに登場人物と自分を引き比べたりする（古屋、1996）。他者の言動を取り込みながら、自分を対象化し始めるのである。3歳児は「自分で、自分で」と何でもひとりでやりたがるが、それは自分なりに「こうしよう」という見通しをもつからであり、できるようになった自分を誇らしく思うからである。だが周囲が見えていないためにぶつかってしまうことは多い。第1反抗期と呼ばれる所以であるが、自己が芽生え「もう赤ちゃんじゃない。だから泣かない」といった自尊感情が育っている。

　幼児期から学童期にかけて、周囲が子どもの思いを尊重しながら働きかけ、それを支えとして子どもは自分なりに少しずつ周囲と折り合いをつけていく。そうした経験を積み重ねることで子どもは自己を育てていく。例えば欲しいものをすぐに買ってもらえないときに、単にごねるのではなくお手伝いを条件に買ってもらうよう大人と交渉できるようになる。これは大人の思いと自分の思いのずれを受け止め、調整しあい、欲求がすぐに満たされなくても待てるようになることを意味する。人は成長するなかで適切な自己主張能力を身につけていくことが必要であるが、幼児期はその最初の交渉能力を身につける時期である。頭ごなしに叱る、あるいは却下するのではなく、大人の方から提案するなどの手助けをしながら、子どもの交渉する力を引き出し育てていきたい。

こうした自己の育ちがあって、子どもは自分の経験や思いを語る力を伸ばす。親や友だちとの豊かな経験があり、思いを伝えたい大人がしっかり聞いてくれると実感できるからこそ、子どもの「自己を語る」力は伸びていく。そして自己を語る経験が自己理解の深まりにつながっていく。

4.2 │ 他者理解の発達

他者理解の発達は自己の発達と表裏の関係にある。1歳児でもおもちゃを取り上げられたときに相手の反応・出方を待つことからわかるように、すでに他者の意図を捉えている。2、3歳児は「○○ちゃん、車（玩具）が欲しいって」と言うなど、自分だけでなく他者の欲求などについても話すようになる。そして4歳を過ぎて、いわゆる心の理論[*2]を理解できるようになる。心の理論とは、人はその人の心が生み出す表象をもとに行動すると推測できることである。他者の視点から考えることができるようになると、仲間関係を大きく発達させることになる。

これまでに見てきたように、子どもは友だちと一緒に遊び生活し、「あの子のようになりたい」とあこがれの気持ちをふくらませたり、意見の衝突のなかでネガティブな思いを経験したりする。子どもは、他児との関係が楽しかったり嫌だったり複雑で多様な情動を喚起することを知り、どうやったら他児とうまく関わっていけるのかを体験的に学んでいくのである。

4.3 │ 子どもの自尊感情を育てる大人の関わり

自己の発達の著しい時期には、こうありたいという思い（理想）と、そうなれない自分（現実）との間で葛藤することは避けては通れない。大人から見て第1反抗期（3歳頃）、第2反抗期（思春期）と呼ぶが、この時期の子どもは葛藤を抱えやすい一方で、葛藤を乗り越えるからこそ大きく成長していく。幼児

[*2]　例えば誤信念をもつ人はそれに従って行動するということがわかること。サリー・アンの誤信念課題が有名である。

期と思春期では葛藤の質が大きく異なるが、大人に共通して求められることがある。それは、大人が子どもの葛藤に振り回されるのではなく、子どもの葛藤に寄り添い見守り、成長を待つということである。

　幼児期の子どもは自分の要求と周囲との折り合いをどうつけていくか葛藤する。その葛藤を乗り越えるのは簡単ではないことを大人が理解し、子どもの思いを尊重しながら、少しずつ納得して折り合うことができるよう支えたい。そして小さな達成感を積み重ね周囲から認められるなかで、子どもは自分が成長している実感を得て自信を得ていく。

　国際比較研究において、思春期青年期の日本の子どもや若者の自尊感情が低いことが示されている（佐藤、2009）。自己の発達の基盤として、今ある自分の存在を価値あるものと受け止められることが必要である。子どもが自分の価値を受け入れるためには、まずは安定したアタッチメントの形成を土台に、身近な大人との関わりや仲間関係のなかで、自分の存在が受け入れられることを実感する必要がある。自分なりの居場所を得て、ただまわりに合わせるのではなく自分なりの主張をしながら納得のいくやりとりができること、自分の存在が役に立っていると実感すること、達成感を感じること、そうしたなかで子どもの自尊感情は育っていくのである。

●引用・参考文献

Bowlby, J. (1969) *Attachment and loss. Vol.1: Attachment*, Hogarth.（ボウルビィ、J（著）黒田実郎ほか（訳）（1977）母子関係の理論 1　愛着行動、岩崎学術出版社）

遠藤利彦・田中亜希子（2005）アタッチメントの個人差とそれを規定する諸要因、数井みゆき・遠藤利彦（編著）アタッチメント：生涯にわたる絆、ミネルヴァ書房、49-79

古屋喜美代（1996）幼児の絵本読み場面における「語り」の発達と登場人物との関係：2歳から4歳までの縦断的事例研究、発達心理学研究、7（1）、12-19

神田英雄（著）全国保育団体連絡会（編）（2004）3歳から6歳：保育・子育てと発達研究をむすぶ　幼児編、ちいさいなかま社

河崎道夫（1994）新保育論3　あそびのひみつ：指導と理論の新展開、ひとなる書房

岡本夏木（2005）幼児期：子どもは世界をどうつかむか、岩波書店

佐藤淑子（2009）日本の子どもと自尊心：自己主張をどう育むか、中央公論新社

第 II 部

障害の理解と支援

第3章　知的障害

　知的障害の子どもには総合的な遅れがあるが、一人一人の特性の違いは大きい。運動発達面、言語認識面、社会性の面で生じやすいつまずきを学び、子どもの特性に応じた支援を考えよう。さらに、インクルーシブな場での知的障害の子どもの主体性を重視することと集団における関係性を考えよう。

1　知的障害とは

1.1　知的障害の定義

　知的障害については、アメリカ精神医学会のDSM-5や世界保健機構のICD-10でほぼ共通しており、次の3つの基準で定義される。

　A　知的機能があきらかに平均より低く、標準化された知能検査でおおむね知能指数70以下（表3-1）。
　B　適応行動における障害があり、継続的な支援がなければ、コミュニケーション、社会参加、自立した生活などが困難となる。
　C　発達期、18歳以前に発症する。

　重要な点は、知的機能のみではなく実際の適応面での困難を併せて判断することである（菅野、2011）。

表 3-1　知的障害の程度

（注）程度判定においては日常生活能力の程度が優先される（aからdになるにつれ適応能力が高くなる）。例えば知能水準がⅠ（IQ〜20）であっても、日常生活能力がdの場合の障害の程度は「重度」となる。

出典：厚生労働省（2015）を改変

1.2 | 原因と支援の基本視点

知的障害には、感染や染色体異常、その他疾患が原因で脳障害が生じた病理型と原因を特定できない生理型、心理・社会的要因によって障害が生じた心理・社会型がある。総合的な能力の発達の遅れを示すが、不変で固定的ということではない。教育環境がよくなれば知的障害の子どもは個人の力を伸ばしやすくなり、それがまた周囲との関係・適応をより改善することになる。

総合的な発達の遅れといっても一人一人特性の違いは大きく、健常な子どもよりゆっくりと発達する。

2 | 知的障害の子どもの特性の理解

2.1 | 運動発達

運動発達には、ハイハイや歩行といった全身を使う粗大運動と、物をつかんだりつまんだり、ハサミを使用するといった手指の巧緻性に関わる微細運動の2面がある。知的障害の子どもの場合、これらの運動機能がゆっくり発達する。

染色体異常のひとつであるダウン症[*1]の子どもは筋力が弱く、重力に対抗して姿勢を保つ力、首座りからハイハイ、歩行まで全身の動きの獲得が遅れる。特に乳幼児期は心臓病など合併症がある場合が多く、病弱で体力がない。こうした運動面の弱さは、意欲や精神発達とも深く連動する。赤ちゃんがハイハイや伝い歩きを始めるときには、その先に赤ちゃんが見たい、さわりたい、ふれあいたい物や人があって、そこに心惹かれて動き出すのだ。筋力の弱いダウン症児は、さわってみたいと思った物に手を伸ばしても思うようにいかない。そんな繰り返しのなかで、動こうとトライすること自体を早々に諦めてしまいやすい。

手指の微細運動の発達は着脱や排泄、食事でのスプーンや箸の使用など、

---

*1 21番染色体が3本ある知的障害を伴う障害である。

ADL（Activities of Daily Living：日常生活動作）における自立面の遅れに関係する。言語は口唇や舌などの筋力が育って初めて構音（発音すること）が可能になる。ダウン症児をはじめとする知的障害の子どもは、口唇の筋力の弱さから構音がうまくできないことが多い。伝えたいと思っても構音が不明瞭なため聞き取ってもらえず、伝えようとする意欲そのものが萎えてしまうことが生じやすい。

　それゆえ、早期から親子で楽しく身体を動かし、子どもの発達のペースに合った働きかけを行うことが重要なのである。

2.2 ｜ 言語・認識の発達

2.2.1　コミュニケーションへの意欲の育ち

　言語発達の核として、他者とコミュニケーションしたいという意欲の育ちが何より重要である。赤ちゃんの頃の泣きをはじめとして、知的障害の子どもは他者や外界に自ら働きかける力が弱い。働きかけようとするサインそのものが微弱なため読み取ってもらえないこともあり、受け身になりがちである。

　また言語とは象徴機能であり、目の前にないものや事柄を頭の中にイメージする力である。知的障害の子どもはこの象徴機能の獲得につまずきが生じやすい。ダウン症児は、わからないながらも周囲の動きをまねて何とかついていこうとする。この状態に対して大人が「わかっているだろう、大丈夫だろう」と都合よく解釈してしまい、「わかっているように見えたのに実はわかっていなかった」と見誤る事例が起きやすい。模倣でついていくだけの表層的なコミュニケーションでは喜びや達成感は得られず、子どもの意欲は低下してしまうのである。

　単語がなかなか増えないこと、単語から2語文、多語文への移行に時間がかかることもよくある（西永・細川、2006）。単に単語の数を増やせばよいということではなく、コミュニケーションしたいという子どもの気持ちを育てながら、ジェスチャーや表情を含めて他者との気持ちの交流全般を拡大することが大切である。次の事例の問題点を通して、コミュニケーションへの意欲の重要性を確かめよう。

| 事例 3-1 | 知的障害のある A さんは、運動面の遅れは軽いものの発語がなかなか |

出てこない。保育所ではジェスチャーを交え、保育士が作った絵カードも活用し
て「ン、ン」と指さしながら活発に意思表示をしていた。小学生になってからは
放課後の学童保育所に入会し、初めの頃は就学前と同様にとても元気な様子であ
った。おやつのゼリーを一口食べると残りのゼリーの形が車に見え、A さんは「ブ
ー」と楽しそうに車を走らせるまねをする。豊かな見立ての力が垣間見えた。し
かし、A さん担当の児童支援員は別の特別支援児童も同時に担当していた。そのた
め余裕がなくなり、A さんと一緒に遊ぶことはほとんどなく、また、A さんの発し
た言葉を聞き取れず言い直させることが多かった。しばらくすると学童保育所で
の A さんの活発さは消え、発声やジェスチャーが少なくなっていた。

2.2.2　具体的な事柄による認識発達

　象徴機能の遅れから言語をはじめとする認識全般の遅れが生じる。イメージ
が乏しいために他児とのやりとりは広がりにくい。経験を繰り返すなかで行動
できるようになってはいくが、数や時間など概念を理解する段階でつまずきや
すく、抽象的・論理的に筋道立てて物事を捉えることは難しい。

　例えば時計の時刻は読めるようになっても、自ら時間の流れを意識して「あ
と5分で給食だから早く片づけよう」といった見通しをもった行動ができない
ことがある。状況や自分の行動に対して時間的見通しをもって主体的に動くこ
とは、子どもが行動の主人公になるということである。知的障害の子どもにと
っては、このような成長の飛躍ポイントが困難となりやすい。

　言語発達は、通常であれば小学校に入る前後で会話の発達から文字の発達へ
と進む。ひらがなを読むためには音節分解・音韻抽出の力が必要である。就学
前後の幼児はしりとり遊びをよくやるが、しりとりは単語の音節分解・音韻抽
出を前提としている。知的障害の子どもは音節を意識せずに単語の音をひとま
とまりで記憶してしまっていることがあり、もっともらしく聞こえはするが周
囲の者には聞き取りにくい。構音の問題については、子どもに音節を意識させ
文字を学習することで発語が明瞭になることが多い（第6章参照）。

2.3 │ 社会性と適応上の課題

2.3.1　理解力の遅れによる対人的な広がりの乏しさ

　象徴機能や概念の獲得の遅れに伴う遊びの広がりにくさにより、知的障害児は対人関係上の問題を生じやすい。例えば、積み木を食べ物に見立てて食べるまねをするなど、ひとりでの見立て遊びがいつまでも続き、他の人に食べてもらう、お店屋さんごっこに進展するといった対人的な広がりに移行しにくい。3歳頃に並行遊び[*2]で遊んでいたときは、同じ場でそれぞれが別個にままごとをしていても何となく楽しい場の空気が生まれる。だが他の子どもが成長するにつれお互いに役割分担して遊ぶようになると、知的障害児は遊びから取り残され、大人だけがその遊びにつきあうことになる。ごっこ遊びに加わり役を割り振られても、いつも寝ている赤ちゃん役ですることがなく、遊びのイメージを共有できないため結局は遊びから抜けてしまう。

　ルール遊びではワァッと情動的に高まる喜びで走り回るものの「逃げる」「捕まえる」といった目標理解は難しい。笑顔で走り回っているけれど誰も捕まえようとせず、そのうちに遊びの輪から抜けてしまう。こうした遊びの認識のずれが他の子どもとともに遊ぶ経験を狭めることになり、知的障害児の社会性が育つ機会を乏しくしてしまうのである。

2.3.2　不安による不適切な行動

　知的障害の子どもは状況を見通して自ら動くことが苦手である。状況が見通せなければ不安であるし主体的に動くことができないため、行動の切り替えが難しくなる。また、外界に関心が向かないため、手持ち無沙汰ゆえに性器いじりのような自己刺激行動が増え、過剰なスキンシップを求めることもある。

　大人からすると「切り替えがへた」「がんこ」な子ども、「甘えが強い」といった捉え方になりやすい。ここで重要なのは、知的障害の子どもが抱えている不安（状況がわからない、見通しがもてない）に気づくことである（古屋、2008）。

＊2　遊びの形態のひとつで、複数の子どもが同じ場で類似の行動をとっているが、相互の交流が生まれてはいない状態である。

一例として、集団の場面に対する気後れ、不適切なかたちで関わろうとする心理的な逃げといった行動を見てみよう。

> 事例 3-2　ダウン症のBくんは通常学級に在籍しているが、小学3年生頃から学級に入ることに気後れを感じ始めた。保健室に行ってはあちこちが痛いとバンドエイドを貼ってもらう日々である。それでも保育所から一緒の女児たちとは仲がよく、女児たちのおしゃべりの横で時折声をかけられると「エッチ〜」などとふざけてみせる。女児たちもBくんのふざけをおもしろがるのが遊びになっている。やがて学習面でも生活面でもわからないままやっとの思いでついていく場面が多くなると、他児の注意に対してカッとなり「バカ、エッチ」と大声を出してしまうようになった。言われた他児も怒り出してトラブルになることが増えている。

　Bくんは女児たちの間で「エッチ〜」とふざけていても、それで充足感を得ていたわけではない。そんなかたちでしか友だちとの関係性を結べない状況に置かれていたのだ。見通しをもって行動することができないがゆえに気後れする場面が増え、心理的に不安定になってしまったのである。

3 ｜ 子どもの特性に応じた支援

　一人一人発達の特性も違えば特別な支援のニーズも異なる。アセスメント（第11章参照）により、子どもの強みや課題、周囲との関係性を明らかにして、個別と集団の2つの側面から支援について考えよう。

3.1 ｜ 情動共有から能動性・主体性へ

　2では知的障害の特性を理解するために「運動／言語・認識／社会性」の領域に分けて説明したが、子どものなかではすべてが深く連関し、発達を促すものである。各機能を個別に取り上げるだけでは支援としては不十分で、家族や教師、友だちとの関係性のなかで力を育てる取り組みが必要である。コミュニ

ケーションへの意欲を育むとは、子ども自身の能動性や主体性を発揮させていくことである。

　知的障害の子どもには、般化[*3]の力の弱さがある。つまり、1対1で学習したことがその相手との間でしか成り立たず、少し条件が変わると応用できない。変化を乗り越える力は、指示されて受け身で動くことではなく、自ら選択して関わりたいという意欲に支えられる。例えば運動能力の獲得を課題として繰り返すだけでは、達成に伴う喜びや快感が抜け落ちてしまいやすい。小さな局面でも、子ども自身の選択や、達成感を他の人と共有すること（他者との情動共有）を可能な限り大切にしたい。

　情動共有は、次に大好きな相手に認められたいという感情を育む。子どもの力に合わせて活躍できる場面を作り出すことで、大人に感謝されまわりの子どもからも認められ、知的障害の子どもは自信を育んでいくことができる。

　事例3-1のAさんは、豊かな見立てという象徴機能の育ちを示していながら、そのコミュニケーションへの意欲を受け止める環境がないために意思表示の力が弱まってしまった。発語はコミュニケーションの手段のひとつであり、他にもジェスチャーや絵・文字カードなど、その子どもに合った代替コミュニケーションツールがあり、これを探すことが積極的な支援になるのである。

3.2 ｜ 言語・認識発達の支援

3.2.1　スモールステップによる言語理解の支援

　コミュニケーションへの意欲を育てるためには、子どもの心の動きに寄り添う関わりが大切であり、これが子どもの言語発達を後押しする。知的障害の子どもの場合は、スモールステップでより丁寧に働きかけることが必要になる。知的障害の子どもが興味を惹かれ心動かされているサインは通常より微弱なことが多く、大人はそうした心の動きをキャッチするセンスをもちたい。

　言語理解では、1度に2つ以上の内容が含まれるとわからないことがあり、まずは内容をひとつずつ指示することで、子どもが理解して行動できるように

＊3　般化とは初めに条件づけされた刺激とは別の類似した刺激においても学習効果が生じること。

42　第Ⅱ部　障害の理解と支援

する。言葉だけでは理解が難しいことは多く、目で見てわかるように絵や写真を活用して伝えることも必要である。集団全体に向けての指示は、知的障害の子どもにとっては「自分に向けられた指示でもある」ことがわかりにくい。個別に声かけをすることでわかることは多い。ただし、指示の出し過ぎは知的障害の子どもが指示待ちの受動性を強める恐れがあるので注意を要する。

3.2.2　イメージを広げる

　知的障害の子どもは象徴機能の獲得に遅れがあり、友だちとイメージを共有しにくいがゆえに遊びが広がらない。鬼ごっこではオニ役とコ役、相手の立場がおおよそわかるようになって初めて役割を交代できるようになる。鬼ごっこでは大人だけを追ってしまい、ままごとでは自分に合わせてくれる大人とだけ関わろうとするなど、知的障害の子どもの遊びでは大人と２人だけの閉じた関係になってしまうことがある。これでは大人と子ども両者にとって関係が煮詰まりがちとなる。だからこそ大人は知的障害の子どものイメージの弱さを補いつつ、他児のイメージとの接点をつくる働きかけをしていきたい。

> **事例 3-3**　保育所 5 歳児クラスの C くんは知的障害があり、発音が不明瞭だが人懐こく元気な子どもである。公園に行くと他児たちは鬼ごっこを始めるが、C くんは隅の落ち葉を蹴散らし小枝を振り回して遊んでいる。C くんについた保育士は、枝を振り回すのは危ないと考え「こうやってごらん」と自分も枝を持って地面に丸を描いて見せた。すると C くんも楽しそうに小枝で地面に何かを描き始めた。さらに保育士は丸を重ねてケンパーに誘いかけていく。その遊び方をまねて C くんがそれらしくケンパーの遊びを始めると、近くにいた何人かの子どもたちが「入れて」と声をかけてきた。ケンパーのやり方はおぼつかないものの、C くんも順番に並んでお互いのケンパーを応援しながら他児と一緒に楽しむことができた。

　この事例では、大人が C くんの行動に寄り添いながら遊びのイメージを広げている。だからこそ他児が興味をもって遊びに参加するようになったのである。保育士が、C くんの行動の危険性だけに目を向けていたら C くんは叱られて終わりになっていたであろう。C くんの興味に寄り添う大人の視点があっ

第 3 章　知的障害　43

たからこそ生まれた支援である。

3.2.3 具体的経験による系統的な概念形成

イメージの力の弱さは、数や時間、文字などの概念形成の難しさにつながる。図3-1は乳幼児期の数と言語の大まかな発達を示したものである。概念の形成には発達の段階を踏まえた系統的な支援・指導が必要となる（新井、2008）。例えば、イチ・ニ・サン…と唱えること（数唱）と数概念とは別であり、数唱ができても1対1対応で物を指しつつ数えることができない段階がある。数概念の形成は多い‒少ないの理解が前提となり、身近な素材（お菓子など）で多少を比較すること、2個、3個ずつ配るといったお手伝いを経験することなど、子どもにとって生活面に密着した学びが必要である。

時間の概念についても子どもにとっての必然性のある課題が重要である。例えば料理中、加熱し続けると焦げてしまうことに気づかせながら「キッチンタイマーを使えばよい」ことを学んでいく。

文字の習得は学校での学習に限らず、しりとりやカルタのような遊びのなかでも音韻意識を形成していく。知的障害の子どもはこうした遊びに興味をもつ時期が他児とずれるため、遊びに誘い込む意図的な働きかけが必要となる。

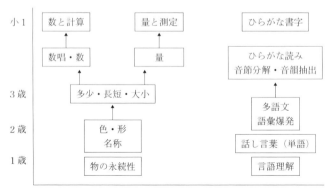

図3-1　乳幼児期の数・言語の発達
出典：新井（2008）を一部参照して作成

3.3 │ 社会性発達の支援

3.3.1 ADL の自立への支援

　食事、着脱、トイレなど ADL の自立については子どもの発達段階に合わせて一貫した態度で支援をしていく。知的障害の子どもへの支援も健常な子どものしつけと同様であるが、よりスモールステップできめ細やかに、学校と家庭で目標を共有して働きかけることが求められる。学校ではできるのに家では甘えて自分ではやらない、あるいはその逆といったことがしばしば起こる。一貫性の欠如は子どもを混乱させる。ADL の自立は社会参加の始まりであり大人から認められ自信をもつ大切な経験となるため、学校と家庭の協力体制が重要になる。

3.3.2 不適切行動の置き換え

　性器いじりや過剰なスキンシップは、定着させてしまわないように別の行動に置き換えていきたい。そのためには、なぜそうした行動をするのかを理解する必要がある。多くの場合、外界への興味を引き出す働きかけが乏しい、安心感に欠け不安であるためにスキンシップを求める、といった要因がある。まずは子どもの愛情を求めるサインと捉えて生活を見直そう。ベタベタと抱きつくのではなく、適切な距離感を保ちながら年齢に合った遊び（ゆさぶり遊び、手遊びなど）や行動（握手など）に置き換えていく。適切な距離感のある関係づくりが子どもの安心感の醸成につながり、社会の一員として生きる力の土台となる。

3.3.3 安心できる場での発達の保障

　子どもは情動コントロールの力が育つことにより他者とうまく関わることができるようになっていく。情動コントロールの力は、安心できる場で安心できる人に支えられながら形成されるものである。その意味で家庭（養育者と子どもの関係）は社会性発達の基盤である。そして成長とともに、家庭以外の安心できる場の広がりが社会性発達をさらに推し進める。養育者以外の人と安心できる関係をいつまでももてない状況は、子どもの発達にとって好ましくない。

事例 3-2 の B くんは、保育所から通常学級に進んだことで徐々に気後れを感じるようになっていた。わからないまま教室にいなければならない経験が、B くんに大きな不安とストレスを与えたと思われる。このような安心できない状況では、自尊感情の低下は避けられないだろう。

　子どもの発達段階からかけ離れた環境は、その子どもにとって公正な状況とはいえない。例えば、毎回班でジャンケンをして片づけを分担しているときに、知的障害児がいつもジャンケンに負け、片づけ役になっていることがあった。子どもたちのなかに、偶然性を装いながら面倒な仕事を特定の子どもに押しつけようとする心理が働いている。いつも負け続ける知的障害児にとっても、自分の行動の不公正にきちんと向き合えない他の子どもたちにとっても不健全な状況である。こうした状況を早期に察知して、子ども同士をつなぎ橋渡しをすることが大人の役割である。

3.3.4　自尊感情を育てる支援

　インクルーシブな場は、知的障害の子どもが気後れする恐れがあるが、一方で、他児の存在があこがれとなるので活動意欲を促しやすい。

事例 3-4　ダウン症の D さん（小 I）の体力は十分ではなく、小学校から学童保育所に辿り着くとどっかり玄関に座り込んでしまう。後から来る子どもたちにふざけた言葉をかけ、ちょっかいを出している。

　この学童保育所では、子どもたちは床に座っておやつを食べる。だが、皆、床掃除には無頓着であった。児童支援員は子どもたちに「気持ちよく座り、気持ちよく食べる」ことを考えてほしいと問題提起し、当番班が床の雑巾がけをすることになった。それから毎日の床掃除タイムが始まり、子どもたちは競って雑巾がけをするようになった。D さんも興味をもち、支援員とともに四つん這いで雑巾がけに挑戦する。D さんの運動能力からするとその姿勢と動きは簡単ではないが、途中で止まりながらも端まで拭き「ピカピカで気持ちいい」と皆で喜び合った。繰り返しのなか D さんの雑巾がけは上達し、誰よりも黙々と仕事に取り組むようになっていた。その頃には D さんのちょっかいは減り、他の子どもは「D ちゃんは雑巾がけがうまいよ」と認めるのであった。

皆から認められる状況はＤさんに集団への帰属意識をもたらし、自尊感情を高めることにつながった。ちょっかいが減ったのは、それ以外で集団に居場所を感じられるようになったからであろう。知的障害の子どもがその子なりの長所やもっている力を発揮し、集団のなかで役割を果たし、周囲の子どもたちがその子の存在を自然に受け入れる。そんな集団づくりが子どもにとっての大きな支援となる。

考えてみよう

> **事例 3-5**　ダウン症のＥさん（小3）は音楽とダンスが大好きだ。児童館では、週に１回ダンスグループの活動がありＥさんも登録している。Ｅさんは部屋に入ってはくるのだが一緒に踊ろうとしない。部屋の隅でじっと友だちのダンスを見ていて、部分的に動きをまねている。まだ皆の輪には入りづらいようだ。そこで、児童支援員は母親に様子を伝えるとともにダンスの振り付けを書いた資料を渡すことにした。

　Ｅさんはなぜダンスの輪に入らないのだろう。そんなＥさんに対して、あなたが児童支援員の立場であるとしたらどのように支援を行うだろうか。

●引用・参考文献

新井英靖（2008）障害児の国語・算数、湯浅恭正（編）よくわかる特別支援教育、ミネルヴァ書房、28-31

古屋喜美代（2008）ダウン症の子どもたち、西本絹子（編著）学級と学童保育で行う特別支援教育、金子書房、92-109

菅野敦（2011）知的障害、本郷一夫・金谷京子（編著）シリーズ臨床発達心理学・理論と実践1　臨床発達心理学の基礎、ミネルヴァ書房、50-57

厚生労働省（2015）知的障害児（者）基礎調査：調査の結果
http://www.mhlw.go.jp/toukei/list/101-1c.html（2017.3.18）

西永堅・細川徹（2006）知的障害、本郷一夫・長崎勤（編著）別冊発達28　特別支援教育における臨床発達心理学的アプローチ：生涯発達的視点に基づくアセスメントと支援、ミネルヴァ書房、148-155

Column

特別支援教育に携わって

　私は特別支援学校の教員として採用されそして定年を迎えた。その間、小学部1年から高等部3年までのすべての学年の担任を経験させてもらった。約40年教員を続けてこられたのは彼らの豊かな感性と保護者の方のパワーに守られてきたことにある。

　健常者と呼ばれる人たちは小学校に入る前には、話し言葉と数の概念、ある程度のルールと日常生活動作を自然と身につけている。そして、当たり前のように高校・大学に進学していく。そのようななかで私は毎日、障害をもつ人たちの着替えや食事・排泄の指導、学習指導や生活指導、就労支援に携わってきた。私たちが自然と身につけてきた発達はどのような過程で成り立ち、どのような支援が必要なのかを勉強しながら実践するという毎日であった。時おり、卒業生から会社等で元気に働いている様子を聞くと親のように嬉しい。

　振り返るといつも思い出すことがある。ひとつは発達の節目に立ち会えたことの喜びである。それは何年もできなかった寝返りができた瞬間であり排泄の後ズボンを引き上げようとする動きが見られた瞬間でもある。彼らの成長が私に与えた感動は大きい。近年キャリア教育が叫ばれているが仕事ができるということだけではなく、共に歩む者を幸せにする行為、これほどのキャリアがあるだろうか、と思う。もうひとつは高等部の生徒Aさんの思い出である。私も若かった。大柄でユーモアあふれるAさんであったが母親に暴力を振るうことがあり、ある日私は自分の感情を抑えることができずほかの生徒の前で強く叱った。彼は学校でなぜ叱られているのかわからず、涙を浮かべながら大きな体を震わせていた。私は出張があり、叱りっぱなしのまま生徒たちに「出張に行ってくるのでみんな気をつけて帰って」と声をかけて急いで教室を出た。するとAさんが追いかけてきた。私は仕返しに来たのかと思ってとっさに身構えた。彼は私の前に来ると、まだ涙の残っている顔で「あらいせんせい。外にでたらみぎみて、ひだりみて」と言って左右に首を振った。車に気をつけてほしいと伝えに来たのである。私はひどく落ち込んだ。私が彼の立場なら、悔しさで相手を思いやることなどできなかっただろう。私の方が人としての成長を助けてもらった教員生活だったと思う。

（新井豊吉／福井大学大学院准教授）

第4章 自閉症スペクトラム障害（ASD）

　自閉症スペクトラム障害、いわゆる自閉症の子どもは、社会・コミュニケーションおよび行動の側面に特有の障害特性があり、それを形作る認知の特徴がある。それらを正しく理解しつつ、個々の子どもの姿や発達を、関わる人々や環境との相互作用の結果として読み解きたい。

1　自閉症スペクトラム障害とは

1.1　自閉症スペクトラム障害の発見

　自閉症スペクトラム障害は、1943 年、アメリカの小児精神科医であったレオ・カナーが「情動的交流の自閉性障害」として 11 人の子どもの症例を報告したことによって、その存在が世界で初めて明らかになった。

　カナーは、子どもたちの状態が統合失調症の症状のなかの「自閉的（他者との情動交流ができない）」によく似ているところから、この障害を「早期幼児自閉症」と命名した。その特徴は、①人生初期からの極端な自閉的孤立、②コミュニケーションのために言葉を使えないこと、③同一性保持の強迫的欲求、④物に対して強い関心をもち巧みに扱うこと、などであるとした。これらの記述は自閉症の特徴を的確に捉えたものであった。ただし、その家族について、「情緒的に凍りついた雰囲気に満ち、それが原因ではないが、父母は知的な専門職につき、人間関係にあまり興味を覚えないようなタイプである」などとした（藤永、1985／高橋、2014 など）。このことは、自閉症は後天的な情緒障害であり、幼少期に何らかの心的外傷を受けたことによるもの、養育者（母親）の資質や育て方に原因がある、という考え方を促し、その後数十年も家族を苦しめることとなった。

　その翌年の 1944 年、オーストリアの小児科医であったハンス・アスペルガーは、4 人の子どもの症例を通して、「人への関心が乏しく、変化に弱く興味

が限局し、よく話すものの、言語を含めコミュニケーション全般が通常とは異なっている、そして不器用である」などの特徴のある性格障害としての「自閉的精神病質」を発表した（ウィング、1998／本田、2014など）。

アスペルガーの論文は長く埋もれていたが、後年、ローナ・ウィングによって見いだされ、1981年に自閉症と連続性のある「アスペルガー症候群」として発表された。アスペルガー症候群は、自閉的な特徴が色濃く見られるが、言語発達の遅れはなく、文法的には正しい話ができる。しかしその多くは学齢期以降、社会的な不適応が顕著になりやすい。ウィングは、自閉症は状態や程度は多様だが、対人反応の欠陥・コミュニケーションの欠陥・想像力の欠陥（象徴遊びの困難や反復・常同行動など）の3つの領域の障害は常に組み合わされて共通に現れるとし（この3つを「ウィングの3つ組」と呼ぶ）、自閉症は連続体（スペクトラム）を成す症候群であるとした。知的障害のある自閉症をカナー型、知的障害のないものをアスペルガー型、と呼ぶ場合がある。そして、2013年のDSM-5において、自閉症スペクトラム障害（または自閉スペクトラム症）と名称が変わり、後述するようにその考え方にも変更があった。

原因は特定されていないが、多くの遺伝子が関与し、それに多くの因子（喫煙、農薬の影響、晩婚など）の作用の蓄積によって発症するとされる。

1.2　自閉症スペクトラム障害の定義

自閉症スペクトラム障害（Autism Spectrum Disorder、以下ASD）は、DSM-5によれば、社会的コミュニケーションの障害と、常同的・限定的な行動の2つの因子によって定義される。社会的コミュニケーションの障害とは、①社会的情緒性の困難、②非言語的相互作用の困難、③対人関係の困難である。そして常同的・限定的な行動とは、①常同反復的な運動・言語使用・物体使用、②日課と儀式へのこだわり、③普通でない興味、④感覚の異常である（桑原ら、2014）。また、それらの問題は発達初期から存在しているものの、幼児期には明確に見いだされず、発達段階の変化や進学・就職などのライフステージの変遷に伴い、必要とされる社会的能力の水準が上がったり多様になったりするため、青年期や成人期になって顕在化する可能性があることも示唆されている。

ASDは、以前のDSM-Ⅳ-TRにおける広汎性発達障害[*1]（自閉性障害、レット障害[*2]、小児期崩壊性障害、アスペルガー障害、特定不能の広汎性発達障害）や、ICD-10における広汎性発達障害にほぼ該当する。

広汎性発達障害とは、対人・社会性の問題、言語・コミュニケーションの問題、限局的・反復的・常同的な行動の問題という、発達全般ではないが、3つの広い範囲にわたる問題があるという意味である。そして、広汎性発達障害は、自閉性障害やアスペルガー障害など、いくつかの下位カテゴリーから構成されるもの、とされていた。自閉性障害とは基準を満たす典型的な自閉症である。レット障害とは、女児のみに見られ生後5か月までは正常発達であるが、その後急激な退行が生じ重篤な知的障害と特有の常同行動が見られ、対人的相互反応が消失する障害である。小児期崩壊性障害とは2歳までは正常発達であったもの、アスペルガー障害とは言語発達の遅れがないもの、特定不能の広汎性発達障害（非定型自閉症を含む）とは、自閉症の診断基準を完全には満たさないが、対人的相互反応の困難を中心とした3つの特徴が幅広く見られるものである。

これに対し、前述のように、1980年代、広汎性発達障害の下位カテゴリーにあるものはすべて連続するという「自閉症スペクトラム」という考え方が提唱された（ウィング、1998）。これを受け、現在のDSMの考え方では、重度の

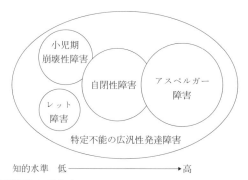

図4-1 広汎性発達障害の考え方
出典：高貝（2014）を基に作成

[*1] Pervasive Developmental Disorder、略してPDDと称される。
[*2] レット障害は、原因となる遺伝子が特定されたのでDSM-5では除外された。

人から健常の人にまで連続して存在する、とされている。自閉症スペクトラムは知的水準とは無関係に現れ、大部分は正常範囲の人々に見られる。図4-2にあるように、自閉的な特性は重度から軽度のものまで境界線がなく連続しており、最も軽い自閉症発現型（Broad Autism Phenotype: BAP、境界線上の人たち）につながり、さらに一般の「ちょっと変わった人」につながる。一般の人々とASDの人々とをはっきり分けることは難しい（鷲見、2013）。

診断基準を満たすASDの人たちは全人口の約1〜2%であるとされているが、図4-2にあるように、基準を満たさないが特徴が色濃く見られる人たちは少なくない。全国の小・中学校の通常学級に在籍する約22,500人の子どもを対象とし、その保護者の回答による大規模な調査によると、そのうち2.5%に特定不能型が、約10%により軽いASDが疑われ、その存在は、対象児童のなかで明瞭な境界のない分布をなすという（神尾、2009）。

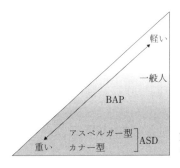

BAP：自閉症発現型
（Broad Autism Phenotype 境界線上の人たち）

図4-2　自閉症スペクトラムの考え方
出典：森・杉山・岩田（2014）を基に作成

2 自閉症スペクトラム障害の特性の理解

2.1 他者との相互交流・コミュニケーションの発達の困難

2.1.1 他者との相互交流の遅れ・困難

ASD の子どもは、他者に対する興味・関心に乏しい、あるいは、関心はあるものの、視線や身振り、言葉などによってそれを適切に表すことが難しく、他者との相互交流が成り立ちにくい。

乳幼児期においては、乳児期初期からの、目と目を合わせて情緒的に交わる、声かけに応じて声を発する、あやされると笑うといった、大人との1対1の応答的な2項関係が成り立ちにくく、もっぱら物に対する2項関係に終始する。そして、通常9か月頃から発達する、他者と物を介してやりとりするという3項関係（第2章参照）はなかなか成立しない。例えば、興味のある物や欲しい物に対してそれ自体を定位し指をさすことはあるが、「叙述の指さし」は出にくい。叙述の指さしとは、生後11か月頃から見られる、興味のある対象を見つけたときにそれを指さし、そばにいる親しい人を見て目と目を合わせ、「ほら、○○あったよ！」と感情と経験の共有を求める指さしである。

このような困難により、養育者とのアタッチメントの成立も遅れやすい。しかし、支援によって変化し発達していく。事例を見てみよう。

事例 4-1　ASD の A くんは療育手帳3度（中度）の判定を受けている。4月から特別支援学校初等部に入学し、放課後は学童保育に通い始めて3か月が過ぎた。学童保育では、2名の非常勤の児童支援員が、1週間交代で対応する。

A くんの言葉は、好きな鉄道アニメのキャラクター名の他、「○○やろね」「もいっかい」などのオウム返しや常同的なものが多い。他者に目を向けたり、自分の気持ちや要求を発したりすることはほとんどない。欲しいものがあるときは、そばにある「手」をすっと取って「クレーン」を行う。要求を叶えてくれるならば誰でもよく、たまたまそばを通った見知らぬ人の手でもかまわず、また「手」の主を見ることもない。支援員の声かけや動きとは全く無関係にジャンプしたり、ピンポン玉をあちこちに投げる、おもちゃの「玉さし盤」に赤い玉だけをさすなど、

いくつかの好きな遊びを順繰りに行いながら、大人の働きかけをくぐり抜けるように動き、自分の世界で完結している。鉄道アニメの絵本に対する大人の語りかけには反応せず、キャラクターの名前をつぶやきながらひとりでページをめくる。おやつや帰りの会には参加しない。支援員たちは懸命に関わろうとしているが、Aくんとの関係はなかなか築けない。

　事例4-1でのAくんは、物との関係に終始しており、人との2項関係がほぼ見られない状態であった。次の事例は2年後（小学3年生）のAくんである。

事例 4-2　児童支援員は、Aくんの感じていることや好きなこと、してほしいことを手探りし、その世界を共有し願いを叶える存在になろうとした。Aくんの思いや感情を随時読み込み、それを言葉にして発し、生活の仕方をわかりやすく伝えた。現在、Aくんは2名の支援員との関係を深め、彼らに対しては「遊んでほしい」「休んでいたい」「嬉しい」などの気持ちを、声や表情・身ぶりなどで表し、支援員もそれをスムーズに理解できる。支援員の声かけにも反応する。例えばAくんが窓際で遠くを眺めているとき、支援員が「お家はあっちなんだよねー」と話しかけ、外の景色を指さすと、その方向をともに見て嬉しそうな表情をする。学校の送迎バスの降車地で、手を振って待ち受ける支援員の姿を窓越しに見たとたん、Aくんの顔はぱあっと明るく輝く。遊びでは、支援員に絵本を読んでもらい、トランポリンを一緒に跳んで楽しむ。簡単な工作遊びも時には支援員とともにやってみる。子どもたちの集団にはまだスムーズに入ることができないが、子どもたちをなじみのあるものとして感じ始め、好きな子どもも数人できた。その子どもたちも、Aくんに親しみ、Aくんの特徴やAくんとのやりとりの方法をよく理解している。おやつや帰りの会には支援員とともに、部屋の後方で参加する。おやつのときには、まわりの子どもたちの表情や動作をじっと見て、そこから「これ、あんなふうにしていい？」といったことを目で支援員に確かめようとする。痛いときや悲しいときは、支援員のそばで泣くようになった。Aくんのそのような情動を一度も見たことがなかった支援員たちは、「Aくん、泣くんだあ！」と喜んだ。

　Aくんは、言葉の量が増えたわけではないが、感情や空間を人と共有すると

いう大きな課題を乗り越えた。まわりの人々を意識し、児童支援員と情動を共にし、児童支援員を支え（安全基地）として、新しい事柄に挑戦したり感情をコントロールしたりする。共同注意・指さしの理解・社会的参照行為などの3項関係が成り立つ世界で、単語や視線、身振り、表情を使って、思いを他者と伝い合えるようになった。

2.1.2 生活世界の広がりとともに現れる困難

　子どもは、生活の幅の広がりや、仲間関係や集団生活の変化などに合わせて、より高度の相互交流やコミュニケーションを発達させていく。しかしASDの場合、それは容易なことではない。例えば学齢期になり、難解な単語を多く知っていたり言葉を流暢に使えていたりするように見えても、彼らにとって、友だちと一緒に遊んだり、集団活動に入ったりすることは難しい。次の事例4-3で考えてみよう。

事例 4-3　通常学級2年生のBくんは、知的能力が高いASDである。保育所の5歳児クラスのとき、他児と遊べず集団にも入りたがらないため、療育機関につながり、ASDの診断を受けた。授業には何とか参加するが、班の当番活動や行事での集団活動には入ろうとしない。教室の移動でもルールが守れない。言葉は非常に巧みで、例えば校庭遊びをしていた際、遠くの空で雷の音を聞きつけると、「避雷針をつけよう。そして集めたエネルギーを家の電気に使うのだ」などと言う。放課後の学童保育では、ブロックで、戦闘の場面をイメージした独特のファンタジックな世界を展開してひとりで遊び、「この兵士の魂は今バカンスに行っています」などと、一方的に、一本調子でそばの大人に話す。そばで他児が自分なりのイメージをつくりながらブロック遊びをしていると、そこにもどんどん勝手に侵食するので嫌がられてしまう。

　最近、気に入らないことに対して暴言を吐くようになった。Bくんがランドセルを背負わずに登校してきたので、校門で校長先生がやんわりと「Bくん、ランドセル、どうしたの？」と尋ねたところ、「なんだとー！　ぶっ殺す」と叫び、つかみかかった。ちょうどそのとき、急いでランドセルを持ってきた母親を見て、「チェーンソー持ってこい！」と怒りをぶつけた。大嫌いな昆虫を見かけると「絶滅さ

第4章　自閉症スペクトラム障害（ASD）　　55

せろ」「抹殺しろー」と言う。他児のふるまいを誤解し迫害的に「○○された」と
怒る。他児のちょっとしたからかいや冗談に対して、かっとなる。

　事例4-3のBくんは、検査の上では標準レベルの知能があり、言葉を巧み
に操る。他児にも関心がないわけではない。しかし、言葉の力が他者との相互
交流にうまく使えず、その場の状況の意味や相手の気持ちが理解できない。こ
の背景には、他者の意図や考え、それに基づく他者の動きやふるまいを推測し
理解する力である、「心の理論」の獲得の遅れや困難がある。「心の理論」の第
1水準は、通常4歳の言語発達レベルにおいて獲得されるが、ASDの場合は、
10歳レベルの言語発達を待たなければならない。しかも、直感的に理解に至
る典型発達児とは異なり、言語による推論を重ねながら理解する。

　また、後述するように、見えない情報を想像できないため、集団のなかでの
暗黙の了解やルール、からかいや冗談の裏側にある真意を読み取ることも難し
い。

　しかし、Bくんの行動は障害特性では決まらない。他者の思いやその場面の
意味をBくんに合わせて説明する支援や、不安や怒りをコントロールする支
援の有無、教師や児童支援員との信頼関係のありようや、まわりの子どもたち
の理解や態度、指示やルールの提示方法といった環境のわかりやすさなどによ
って変化する。

2.1.3　言葉・コミュニケーションの発達の特徴

　乳幼児期や重度の障害の場合には、反響言語（エコラリア、オウム返し）が見
られやすい。また、しばしば常同的な表現をする。例えば、園にお迎えに来た
母親を見たときに「Aくん（自分）のママだ」という意味で「Aくんのママじ
ゃない」、いつも関わってくれる子どもBさんから「私って誰？」と問われる
と「AくんのBさんじゃない」と言うなど。

　疑問文を多用する。例えばおやつを食べたいときに「おやつ食べる？」とい
った他者への疑問文で表す。おやつを食べる場面で他者から問われた言葉がそ
の子のなかでセットになっているため、おやつを食べたいときにその言葉が出
てくるのである。語彙がある程度増えてくると、「どっちがギザギザ？」「汚い

56　　第Ⅱ部　障害の理解と支援

と怖いとどっちが好き？」などという独特な疑問形の常套句を繰り返し発することがある。これは、「私と関わってほしい」というメッセージであることが多い。また、混沌とした世界を、大きさ・形状・性質の程度など、自分のわかる基準を用いて二分法（「どっちが○○？」）で整理したい、という思いが読み取れる。そして自分に最もよくわかる言葉で、関わってほしいことを伝え、世界の見方や捉え方を相手にも共有してほしい、という願いがあるようだ（西本、2008）。言葉がさらに増えてくると、自分の言いたいことを、疑問文を交えながら発することがある。例えば、ある子どもが「お友だち怖いですか。一緒に座ってください」と発言した。その意味は「他の子は怖いので、この子に一緒に座ってほしい」であった。

　また、言葉の概念化が進まない。彼らの言葉は、イメージを他者と共有するための「概念」というよりも、過去の特定の場面や個々の具体的な事物と強く結びついているように感じられることが多い。例えば、自分の持っている物をいきなり他児に取られてしまったとき、「やめて、返して」と言うべきところを「貸して、ごめんなさい」と言う。過去、このような行為があった場面で保育者が言ったと思われる声かけがそのまま発せられたのであろう。比喩や冗談などをなかなか理解できないのは、後述する「ひとつの情報にはひとつの意味しか見えない」という理由だけではなく、概念化の困難がある。例えば、C児のD児に対する気配りに対し、「Cくんはお兄さんだね」と声がかかったとする。「お兄さん」という語にある「頼りになる存在」という概念が蓄えられていなければ、比喩が理解できず、「CくんはDくんのお兄さんではない」と否定してしまう。

　また、「こういう場面にはこの言葉」として、その語の本来の意味とは無関係に、単語カードを使うように言葉を発することがある。友だちとなぜトラブルになったのかがわからないときは「バカと言われた」「意地悪された」、どうにも困ったときは「牢屋に入れられる」などと、お決まりの「単語カード」を出してしまう。事例4-3のBくんが怒ったり、不安になったときには「絶滅」「抹殺」「チェーンソー持ってこい」などの決まり文句を吐いてしまうのも、この例である。

　その他、知的に高いASDの場合、文法的には誤りではないが、語用論上の

第4章　自閉症スペクトラム障害（ASD）　57

間違いを犯しやすい。その場では言ってはいけないことを律義に言葉にしてしまう。また、自他に対する感情を表す言葉を使うことも理解することも苦手である。「悲しいよ」「怖いでしょう」などと言われても、それがどういうことなのか、なかなか理解できない。

2.2 行動の反復・限定的な興味関心・同一性へのこだわり・感覚の異常

2.2.1 行動の反復・限定的な興味関心・同一性へのこだわり

コマのようにくるくる回る、ぴょんぴょん跳ぶ、指の間からスリットを作ってのぞくように見る、などの反復的な自己刺激行動を行う。この背後には、入ってくる刺激を適切に取捨選択して処理できないという知覚の問題がある。彼らは、過剰な情報や不快な刺激がなだれ込む、よくわからない混沌とした世界のなかにある（例えば、ニキ・藤家、2004）。そのなかで、自分で自分に刺激を与えて、まわりの不快な刺激を遮断しようとする。

特定の物の、その形や色の違いなど、通常では思いもよらない、限定された狭い対象に注目して持続的に興味や関心をもつ。例えば、マンホールのデザインや排泄物の色の違いを気にするなど。ここには、全体を捉えられず、細部のみに過度な注意を払う、中枢性統合の弱さの問題がある。また、目の前のひとつの対象に過剰にとらわれるため、新しいものや情報に注意を向けたり、複数の対象を同時に見て物事を処理したり、視点を別の方向へ適切にシフトさせることがスムーズにできないといった実行機能の問題もある。

おもちゃをいつも同じように並べて安心するなど、環境・手順・方法などが常に一定であることにこだわる。見えている情報の背後にあるものを理解できないため、意味が単一で、変わらない記号や数字を好む。字が読めるようになると、特定の分野（例：鉄道、古代の生物、○○協会の歴史など）に関して、変化しないカタログ的な知識を集め自分を守る。混沌や不安のなかで、自分のよくわかるものに頼ろうとするのが、同一性へのこだわりとして表れる。対人関係の広がりや安定化に伴い、同一性保持への強迫的なこだわりは和らいでくる。

2.2.2　感覚の過敏さと鈍感さ

　視覚・聴覚・触覚・嗅覚・味覚などの感覚の過敏さや鈍感さがある。例えば、次のような行動として表れる。

- 文字の筆順には無頓着に絵（デザイン）のように書いていく
- 合唱の練習の最中に外れた音を捉えて耳をふさぐ
- 他者が近づくと「顔にぶつかる、目にさわる」とパニックになる
- 特定のふりかけをかけた白いご飯とほうれん草のお浸ししか食べられない
- 真夏でも、厚いスウェット素材の長袖・長ズボンを着続ける

　これらの行動を安易に「わがまま」と捉えず、子どもによって異なる感覚の違いを理解する。できるだけ環境調整を行うが、他者との関係が広がるうちに、過敏さ・鈍感さやそれによる行動は、少しずつだが着実に変化・減少する。

2.3　日常生活のなかで行う支援

　日常生活のなかでの支援のポイントは次の通りである。

2.3.1　心の支えとなる存在となる

　支援する大人が子どもの心の支え（安全基地）となることが基本である。支えとなる大人との間には、「混沌」から「道具」「快適」「依存」「自立（自律）」の関係が進む（別府、1997）。混沌や不安のなかで、自分の思いを理解し不安を低減し要求を満たしてくれる道具（人）があることに気づき、理解され満たされることの快適さを経験し、その人に対して安心して依存できるようになり、情動交流を重ねていくことができる。その人の支えによって、社会のルールや、自他の感情のありようなど、さまざまな学びに向かうことができる。

2.3.2　認知や感覚の特徴を理解しその世界を受容し肯定的に対応する

　ASD の共通特性とその背後にある認知の問題を理解するとともに、一人一人の子どもに固有の特徴やその世界を肯定的に受け止める。そしてそれを周囲の人々・子どもたちも理解できるような橋渡しを行う。保育者・教師の無理解によって、過剰な失敗体験や被叱責体験を重ねることは、後年のフラッシュバ

ックやうつ、他者への攻撃性が生じるなど、2次障害につながりやすい。

2.3.3　環境を構造化する

　情報が整理された、わかりやすい環境になるように視覚的に構造化[*3]する。構造化には、空間の使い方をわかりやすく整理する物理的構造化、スケジュールや活動の流れが目で見てわかるようにする時間の構造化、活動のルールや方法、何をどれだけするのか、いつまでにやるのか、どうなったら終わりになるのか、終わったら次はどうすればよいかなどの手順の構造化、などがある（第12章3.3参照）。

2.3.4　社会性の発達を支援する

　生活のルールや場面の意味、それに合ったふるまい、他者の行動の意味や友だちとの関わり方などを具体的にわかりやすく教える。特有の言葉の使い方を理解し翻訳して周囲とつなぎ、適切なコミュニケーションの仕方を教える。狭い興味やこだわりは、むしろ接点を得る絶好の機会である。こだわりを活かす活動を工夫したり、こだわりを少しずらしたりしながら、他者との遊びや関わりに活かす。例えば、テレビゲームのこだわりをごっこ遊びに展開した実践などがある（西本、2008）。こだわりを強みと捉える支援を考えたい。

考えてみよう

　事例4-3のBくんについて、心理士としてどのような支援を行えばよいだろうか。

●引用・参考文献

別府哲（1997）障害児の内面世界をさぐる、全国障害者問題研究会出版部

藤永保（1985）発達の心理学、岩波書店

本田秀夫（2014）「アスペルガー症候群」はどこへ行く？、こころの科学、174、29-35

[*3]　構造化に関しては、佐々木・宮原（2004）などを参照されたい。

60　　第II部　障害の理解と支援

神尾陽子ほか（2009）対人応答性尺度（Social Responsiveness Scale ; SRS）日本語版の妥当性検証：広汎性発達障害日本自閉症協会評定尺度（PDD-Autism Society Japan Rating Scales ; PARS）との比較、精神医学、51（11）、1101-1109

神尾陽子（2012）精神科医療で出会う自閉症スペクトラム障害のあるおとなたち、神尾陽子（編）成人期の自閉症スペクトラム診療実践マニュアル、医学書院

桑原斉・加藤佳代子・佐々木司（2014）DSM-5 における「自閉症スペクトラム」：何がどう変わったか？、こころの科学、174、22-28

森則夫・杉山登志郎・岩田泰秀（2014）臨床家のための DSM-5 虎の巻、日本評論社

ニキ・リンコ・藤家寛子（2004）自閉っ子、こういう風にできてます！、花風社

西本絹子（2008）高機能自閉症・アスペルガー症候群の子どもたち、西本絹子（編著）学級と学童保育で行う特別支援教育：発達障害をもつ小学生を支援する、金子書房

佐々木正美・宮原一郎（2004）TEACCH ビジュアル図鑑 自閉症児のための絵で見る構造化、学習研究社

高貝就（2014）ASD の新たな概念、連合大学院小児発達学研究科・森則夫・杉山登志郎（編）DSM-5 対応 神経発達障害のすべて、50-55

高橋脩（2014）自閉症をめぐる医学的概念の変遷、こころの科学、174、15-21

鷲見聡（2013）疫学研究からみた自閉症、そだちの科学、21、21-27

ウィング、L（著）久保紘章・佐々木正美・清水康夫（監訳）（1998）自閉症スペクトル：親と専門家のためのガイドブック、東京書籍（Wing, L.（1996）*The Autistic Spectrum A guide for parents and professionals*, Robinson Publishing.）

第5章 注意欠如・多動性障害（ADHD）

　ADHDは、不注意、多動性および衝動性の特徴をもつ発達障害である。周囲の対応が不適切な場合、ADHDは思春期以降深刻な2次障害を引き起こす可能性が高く、幼少期からの周囲の適切な対応が重要となる。本章では、ADHDの特徴、発達的変化、周囲による支援について考える。

1 ADHDとは

1.1 ADHDの定義

　注意欠如・多動性障害（Attention-Deficit/Hyperactivity Disorder、以下ADHD）は、不注意と、多動性および衝動性の2つの特徴からなる障害である。

　DSM-5の診断基準によると、不注意とは、学業や仕事などの活動において綿密な注意ができない、不注意による間違いをする、課題や遊びの活動中に注意を持続することが難しい、作業を最後までやり遂げられない、活動の段取りを立てたり資料や持ち物を整理することが難しいなど、9項目中6項目以上があてはまる症状である。

　多動性および衝動性とは、いつもそわそわと身体が動いてしまう、しばしばじっとできず「エンジンで動かされるように」行動する、順番を待つことが難しい、相手が話し終える前に話し始めてしまうなど、9項目中6項目以上があてはまる症状である。

　これらの症状が、12歳以前から出現し、2つ以上の状況（家庭、学校、職場など）で観察され、それによって本人が社会にうまく適応できていないときに、ADHDであると診断される。

　なおADHDは、自閉症スペクトラム障害（第4章参照）や学習障害（第6章参照）と重複する場合もある。

62　第Ⅱ部　障害の理解と支援

1.2 ADHDの生物学的特徴

　DSM-5の診断基準は、落ち着きのなさなど行動上の特徴の有無のみからADHDか否かを判断するものであり、その背後にある生物学的基盤は考慮されていない。一方で、最近は脳の機能や構造を詳細に調べる技術が発展し、脳とADHDの関係が徐々に解明されてきた。

　図5-1に示すように、ADHDの神経生物学的基盤としては、脳の前頭葉の実行機能回路の不全と、側座核周辺の報酬系回路の不全があると考えられている。実行機能回路は、注意の制御や行動の抑制に関わる回路だが、ADHDの場合、この機能がうまく働かない実行機能不全の状態にある。その結果、行動の抑制困難や、作業記憶の不全、計画を立てることの困難などが生じる。また、報酬系回路は、よい結果を得るために必要に応じて待つ力に関する回路であり、この回路がうまく働かないために、損だとわかっていても目の前の報酬に飛びついてしまうことが起こる（岡田、2011）。

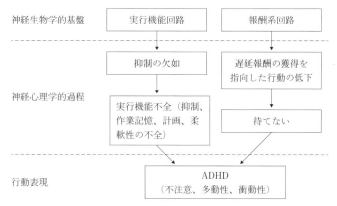

図5-1　生物学的基盤とADHD症状の関係
出典：岡田（2011）を改変

1.3 │ ADHD の出現率

　多くの調査結果によると、ADHD は子どもの 2〜12％に見られるとされている（ヘンドレン、2011）。調査を行う地域や文化、調査時期、診断基準などによって、出現率にはかなり幅がある。文部科学省（2012）による小学校通常学級担任に対する調査では、ADHD に準ずる「「不注意」又は「多動性 - 衝動性」の問題を著しく示す」児童は、通常学級に在籍する児童の 3.1％である。男女別に見ると、男子 5.2％、女子 1.0％である。

　なお、女子の場合、不注意を主症状とする ADHD が多い。不注意は周囲から見逃されやすいために、男女で出現率に大きな差が生じている。しかし、成人期の ADHD の女性の自己報告から、女子の出現率はより高いらしいことがわかってきている。

1.4 │ ADHD 概念の変遷

　1960 年代から、著しい多動に対して何らかの脳の障害が疑われ、MBD（Mild Brain Damage：微細脳障害）の存在が指摘されてきたが、実証されないままこの概念は廃れた。1980 年代になると、DSM-Ⅲにおいて ADD（Attention Deficit Disorder：注意欠陥障害）という障害カテゴリーがつくられ、1994 年には ADHD として DSM-Ⅳに引き継がれた。いずれも発達障害の障害群ではなく、行為障害などと同じ反社会的な行動につながる障害群に入っており、症状を引き起こす要因として、生物学的要因よりも養育環境の影響が強調されていた。その間、脳の前頭葉を活性化する薬物が症状に有効なことがわかり、生物学的要因の影響の大きさが指摘されるようになった。そして、2013 年の DSM-5 において神経発達症群（Neurodevelopmental Disorders）という、発達障害に対応する障害群に位置づけられるようになった。

　また、かつて ADHD は幼児期・児童期の障害で成人期には消失すると考えられていたが、現在では成人期にも存続することが明らかになっている。そのため、DSM-5 では青年期以降にも適用可能な表現で、障害特性が示されるようになった。

2 ADHD の発達的変化

2.1 幼児期

　幼児期の ADHD 児に対しては、多動性および衝動性が注目されることが多い。立てば走り回り、着席し続けられない。楽しそうだと思った瞬間にそれをやろうとしたり、気になる物があれば、家や幼稚園の門から突然駆け出してしまう。親から離れて迷子になったことに気づかないなどのために、アタッチメント形成に問題があるように見える場合もあるが、親がそばにいないことに気づくと急に不安になるなど、親から離れてしまうのはアタッチメント自体の問題とは異なる。

　不注意の側面については、幼児期にはそれほど大きな問題にはならない。事例 5-1 の A ちゃんに見られるように、やるべきことがあるのに、つい別のことをやってしまうなどの行動が目につく程度である。一方で好きなことには熱中し過ぎてしまい、容易に切り替えられない過集中が問題になることもある。

　ADHD の幼児は、注目されたり褒められることが好きな、陽気な人なつっこい性格の子どもが多い。

事例 5-1　4 歳児クラスの A ちゃん（女児）は、言葉や理解力の発達に関しては大きな問題は感じられない。A ちゃんに対して保育士が気になっているのは、行動を起こすのにとにかく時間がかかることである。A ちゃんが通う保育所では朝登園すると、連絡帳を出す、手拭きタオルをフックにかけるなど、いくつかの決まった支度があるのだが、A ちゃんはやるべきことをすべて理解しているはずなのに、これらをスムーズに行うことが難しい。

　連絡帳を提出するために通園バッグを開けたところで、近くのブロックで遊んでいる子が目に入ると、バッグも連絡帳も床に放り出したまま、ブロック遊びに仲間入りしてしまう。保育士に「A ちゃん、連絡帳出した？」と尋ねられ、ハッとしたように連絡帳を出す。出した直後にカブトムシの飼育箱が目に入ると、それに見入ってしまい、手拭きタオルをバッグから出すことも、バッグをロッカーに入れることも忘れてしまい、保育士に「A ちゃん、次は何をするんだっけ」と声を

第 5 章　注意欠如・多動性障害（ADHD）　65

かけられ、あわてて行う。そのようなことが続くため、朝の支度を全部終えるのに30分くらいかかってしまう。やるべきことはわかっているはずなのにできるようにならないAちゃんを、保育士はどのように支援していくべきか悩んでいる。

2.2 | 児童期

　児童期になると、学校生活のなかで不注意の症状が目立つようになる。宿題にとりかかれない、忘れ物や失くし物が多い、机の中を整理できないなどのことが問題となってくる。

　多動・衝動性については、授業中の立ち歩き、授業とは関係ない遊び、椅子をガタガタ揺らす、多弁でにぎやか、姿勢が悪く椅子にきちんと座れないことなどが目立つ。友だちを挑発してからかうなど、相手の気持ちを考えるよりも自分の楽しさを優先するような行動を衝動的にとる子どももいる。外界の刺激に注意が翻弄されるため、自身について考えたり、自分の行動を振り返ることが苦手である。ユニークな発言や独創的な思いつきなどで、クラスの人気者となることもある。

　高学年になると、頭ごなしの叱責に対しては、相手を言い負かして自分を正当化しようとしたり、ふてくされて黙りこむなど、強硬な態度の反抗を行いやすい。ADHDの子どもが、元来の人なつっこさを保持できるか、反抗的になるかは、彼らの特性に対する保護者や教師などの対応による影響が大きい。

2.3 | 思春期・青年期

　不注意については、思春期・青年期になっても児童期からの課題が続くが、一方では、自分の問題点を理解し、意識的、自覚的な対応をし始める子どもも出てくる。

　多動・衝動性については、授業中席を離れて動き回るようなことは減り、極端な多動性は収まってくるが、常にきょろきょろと周囲を見回したり、身体の一部が動くなどの落ち着きのなさは残り、話し出すと止まらないなどコミュニケーション面の課題は引き続き見られる。

66　　第II部　障害の理解と支援

思春期のADHDの子どもへの支援で最も難しいのが、彼らの反抗的な態度への対応である。

　ADHD児は、目の前の楽しいことなどに飛びついてしまい、苦手な活動や地道な活動に取り組むのが難しく、学校の宿題などをなかなか始められない。刺激を求めて、あえて危険なことや禁じられたことを行う。そのような行為への叱責に対しては反抗的な態度をとる。そして、反抗的な態度を自己のアイデンティティに取り込んでしまうと、叱責を受けては反抗し、さらに不適切な行動をとる、という悪循環が生じる。このような状態をDSM-5では反抗挑発症と呼ぶ。彼らの一部は、非行集団と接近することなどにより、反社会的な行動をとるようになる。これをDSM-5では素行症と呼ぶ。素行症がさらに進むと、反社会性パーソナリティー障害と呼ばれる状態に至る（図5-2）。このように自己の外に向けて問題行動を表すことを外在化障害というが、外在化障害が深刻化していく過程を、DBD（Disruptive Behavior Disorders：破壊的行動障害）マーチと呼ぶ。

　ADHDの2次障害には、内在化障害と呼ばれる、自己の内側に攻撃を向けるようなものもある。叱責などに対して、頑固に内にこもってコミュニケーションを拒否したり、人との深い関係を築けないこと、失敗の多い自分に対する不信感や自責感、仲間からのからかいにうまく対応できないことに対する不安、

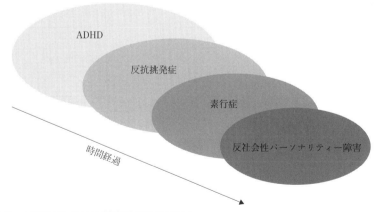

図 5-2　ADHDにおける外在化障害の進行
出典：ADHDの診断・治療指針に関する研究会・齊藤（2016）を改変

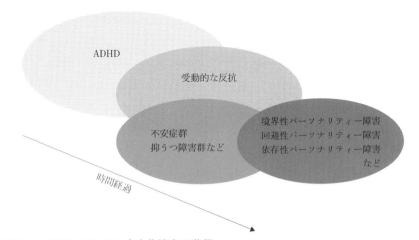

図 5-3　ADHD における内在化障害の進行
出典：ADHD の診断・治療指針に関する研究会・齊藤（2016）を改変

抑うつ、強迫症などを併発したりすることによって、いびつなパーソナリティー傾向を強めていくこともある（図 5-3）。

　もっとも、多くの ADHD の子どもは、適切な支援を受けることにより 2 次障害を拡大させることなく成長する。後述する事例 5-2 の B くんの場合は、中学時代に外在化障害を示しかけたが、親が味方だったことが強力な保護因子となったといえる。

　星野（2017）は、2 次障害の危険因子として、親が子どもの状態を理解していないこと、機能不全家族（親自身にゆとりがなく、子どもを衝動的に叱ったり、親の権威を示そうと子どもと張り合ってしまうなど）、親自身の発達障害、ライフスタイルの乱れなどがあるとしている。これらの悪条件にさらされたとき、ADHD はとりわけ深刻な 2 次障害につながりやすいため、ADHD の子どもを育てる際には、2 次障害が顕在化しない時期から養育環境を整え、基盤となる大人との信頼関係を確立することが重要である。あわせて、親や教師などに対しては、子どもへの適切な関わり方についての具体的な助言など、周囲からの支援が重要である。

事例 5-2　Bくんは、幼稚園ではひとところにじっとしていられず、常に動き回っていた。運動が大好きで、幼稚園時代に始めた水泳や、小学校で始めた地域の野球チームなどで非常に活発に過ごしていた。

　小学校の低学年では、授業の理解などは悪くなかったが授業中の立ち歩きが頻繁に見られた。また、教師の質問を全部聞き終わらないうちに、しばしば挙手せずに勝手に答えてしまった。忘れ物や失くし物が多く、保護者が学校に呼び出されることも頻繁だったが、保護者はBくんに厳しいながらも常に味方だった。

　中学生になると、授業中の立ち歩きはなくなったものの、自分を押し殺して着席し続けることにエネルギーを費やし授業をほとんど聞かなくなった。同時に、常に群れている同級生と自分とが何か違うと感じ始め、疎外感をもつようになった。学校で孤立する一方、刺激を求めて空き地に火をつける、ナイフを持ち歩くといったことをして、保護者や教師から厳しい叱責を受けた。発達障害傾向のあるひとりの同級生とだけ気が合い、学校や社会への不信感を分かち合った。

　高校では、一人一人の自立した雰囲気のなかで息苦しさが少し減った。授業の受け方や勉強の仕方を自分に合うように工夫した結果、成果が出るようになった。しかし試験では、些細な条件の違いで全く集中できなくなるため、成績は乱高下した。そのようななか、弟が発達障害であると診断された。必死で母と弟を支えながら、自身もそうではないかと感じ始め、児童精神科を受診し ADHD の診断を受けた。

　大学進学後は発達障害について積極的に学んだ。ボランティア先で ADHD の子どもたちにごく自然に共感でき、彼らの行動が予測できると感じたことから、卒業後も発達障害児の支援を続けたいと考えている。

3 | ADHD の治療・教育

3.1 | 医療面での支援

いくつかの薬物が ADHD に効果があることがわかっている。これらの薬物は中枢神経系に働きかけて、実行機能を高める作用がある。薬物療法を行う場合は、医師の処方のもとで慎重に行う必要がある。

服用を始めたら、効果を確認するために、日常生活のなかでの十分な行動観察が必要である。学校生活での症状を軽減させることが服薬の大きな目的であることが多いため、学級担任が学校での行動の様子を観察し保護者に報告するなど、緊密な連携をとる必要がある。また、服薬による子どもの感じ方の変化や副作用について、子ども自身から十分聞き取ることも大切である。服薬量の調整や、服薬の終結などについても、医師と連携して定期的に検討する必要がある。

服薬により問題行動が軽減しても、それで支援が十分というわけではない。服薬によって子どもがよい状態でいる間に、問題行動などによって低下した自尊感情の回復などを促しながら、適切な行動を丁寧に教えなくてはならない。服薬は子どもの生物学的な困難に対処するための基盤をつくるが、より大切なことは、子どもに対する日々の根気強い支援である。

3.2 | ADHD に合わせた環境調整

ADHD の子どもは外界の刺激に対して容易に反応してしまうため、環境の調整が、適切な行動をとれるようにするのに有効である。

第 1 に、物理的な刺激の量を調整することである。物が多過ぎたり、にぎやか過ぎる環境では、外界の刺激に翻弄されてしまい、ひとつのことに集中するのが難しい。例えば学校環境では、掲示物の量や板書の量を調整し、注目させたい重要事項が目立つようにすることや、端の座席に配置してクラスメイトの刺激を前後左右から受けなくても済むように配慮すること、時にはパーテーションで机の周囲を囲い、周囲からの刺激を最低限にすることなども考えられる。

第2に、片づけやすい空間を準備することが必要である。ADHDの子ども
の多くは片づけが苦手で、忘れ物や失くし物をしやすい。そのために、片づけ
やすく、必要なものを取り出しやすい物の配置を工夫することが有効である。
学校生活では、不必要なプリント類は早めに整理し、ランドセルや机の引き出
し、ロッカーの中などを扱いやすく仕切ったり、ファイルを活用することなど
が効果的である。

第3に、時間の見通しを立てやすくすることも有効である。ADHDの子ど
もは長時間ひとつのことに集中することが難しいため、やるべきことの単位を
小さくしたり、作業時間を短くする代わりに集中して行い、完了したら丸をつ
ける、大人に確認して認めてもらうといった過程を重ねることで、最終的に課
題が完了できるように導く。

これらの環境調整は、児童期は保護者や教師が行うとよい。自分がうまく力
を出せる環境設定を体験的に理解させることによって、思春期以降、徐々に子
ども自身で環境を整えられるようにしていきたい。

3.3 | 望ましい行動を明確に伝える

環境調整と並行して、子ども自身が適切な行動がとれるように導くことも大
切である。しかし、ADHDの子どもは強圧的なしつけに対しては強い反発を
示し、それがさまざまな2次障害に結びつく。そのため、強圧的なしつけでは
なく、子どもの望ましい行動を育てるような大人の対応が必要となる。具体的
には、子どもの言い分にしっかりと耳を傾けること、子どもの失敗への叱責よ
りも、好ましい行動を具体的に教えること、しつけに対する子どもの反応に感
情的に巻き込まれないこと、生活習慣などに関して子どもと決めた約束事は原
則的に保持し、子どもの要求や都合で変動させないこと、などが大切になる。

ペアレント・トレーニング（上林ほか、2009）は、ADHDを中心とした発達
障害の子どもの親が、グループワークを通して子どもへの適切な関わり方を考
えるプログラムである。まず、親が子どもの行動を「好ましい行動」「好まし
くない行動」「許しがたい行動」の3つに分類する。次いで、子どもが「好ま
しい行動」を行ったときは肯定的な注目を行う、「許しがたい行動」を行った

第5章　注意欠如・多動性障害（ADHD）　71

ときはきっぱり止めるなど、親の望ましい行動について話し合う。また、「好ましくない行動」に対しては、その行動に至った子どもの気持ちを考え、よりよい行動の仕方を子どもに教えたり、子どもの行動に感情的に巻き込まれないように応答したりする方法を話し合う。定期的な話し合いと日々の子育て実践を通して、親の望ましい関わり方と、子どもの適応的な行動と、親子の良好な関係形成を促すことができる。

　ペアレント・トレーニングのような支援は、親に対してだけなく、教師や保育士などに対しても有効である。

3.4 │ ADHD の魅力を伸ばす

　ADHD の子どもたちは、衝動的な行動や落ち着きのなさの裏返しとして、他の人が気づかないようなことに気づいたり、思いついたらすぐに試そうとするなど、実行力に富んだ側面がある。彼らの既存の常識にとらわれない発想が、集団活動を発展させることもしばしばある。

> 事例 5-3　小学 5 年生の ADHD の C くんは、授業中の隣の子へのちょっかいや、授業の流れからはずれた唐突な発言が多く、終始落ち着かない。ある日の総合学習の授業は、米の加工品がテーマだった。各自が家から煎餅を持参し、まず、それぞれの煎餅 1 枚あたりの値段を算出した。そのとき、突然 C くんが「へんなの。値段の高いおせんべいほど、原材料が少ない」と大きな声をあげ、「高いおせんべいは米と醤油が原材料なのに、安いおせんべいは材料にいろいろなものがある」と説明を始めた。授業の流れとは異なる発言だったが、担任は「おもしろいことに気がついたね」と C くんの発言を取り上げ、クラス中で協力して、煎餅 1 枚あたりの値段と、原材料名として表示されている米やその他の食品添加物などを書き出した表を作成し、C くんの発言がおおよそ正しいことを確認した。そして、次の授業では食品添加物についての学習を進めることになった。

　ADHD の子どもたちの発想を単なる突飛な思いつきで終わらせないためには、彼らの発想を実際の活動と結びつける大人のサポートが重要である。事例の C

くんの担任は、まさにそのサポート役になっており、授業の流れとずれたC
くんの発言のなかに、クラスで共有するにふさわしい重要な視点を発見し、そ
れを柔軟に授業に取り込んでいる。そうすることで、授業そのものが発展する
だけでなく、Cくんの授業中の唐突な発言に対する他の子の評価が好意的なも
のになり、Cくん自身の自己評価も変容するだろう。ADHDの子どもへの支
援には、このような常識にとらわれない創造的な姿勢が重要である。

考えてみよう

　忘れ物が多いADHDの小学生が、学校での忘れ物をしないための工夫につ
いて考えてみよう。ADHD児に対する支援は、典型発達児に対する支援をよ
りきめ細かく行うということであり、本質的な違いはないことに留意したい。
環境構成上の工夫や、言葉かけの工夫など、いろいろなアイディアを出してみ
よう。

●引用・参考文献

ADHDの診断・治療指針に関する研究会・齊藤万比古（編）(2016) 注意欠如・多動
　症 -ADHD- の診断・治療ガイドライン 第4版、じほう

ヘンドレン、R、L（編著）田中康雄（監修）松井由佳（訳）(2011) 子どもと青年の
　破壊的行動障害：ADHDと素行障害・反抗挑戦性障害のある子どもたち、明石書
　店 (Hendren, R. L. (1999) *Disruptive Behavior Disorders in Children and
　Adolescents*, American Psychiatric Publishing Inc.)

星野仁彦 (2017) 思春期以降に顕在化する発達障害、教育と医学、65 (1)、16-23

上林靖子（監修）北道子・河内美恵・藤井和子（編）(2009) こうすればうまくいく
　発達障害のペアレント・トレーニング実践マニュアル、中央法規出版

文部科学省 (2012) 通常の学級に在籍する発達障害の可能性のある特別な教育的支
　援を必要とする児童生徒に関する調査結果について
　http://www.mext.go.jp/a_menu/shotou/tokubetu/material/__icsFiles/afieldfi
　le/2012/12/10/1328729_01.pdf (2017.3.17)

岡田俊 (2011) 脳科学から見たADHD、小野次朗・小枝達也（編著）ADHDの理解
　と援助 別冊発達31、ミネルヴァ書房、27-33

第6章 | 学習障害（LD）

LD とは、不勉強や知的発達の遅れはないにもかかわらず、読み書きや算数に困難を示す障害である。LD は学校生活に不可欠な能力の困難のため、2次的な自信喪失や学校不適応などを生みやすい。本章では LD が生じるメカニズム、LD の人格全体への影響、LD への支援などについて考える。

1 | LDとは

1.1 | LDの定義

学習障害（Learning Disorder、以下 LD）[*1] とは、全体的な知的能力には大きな障害がないにもかかわらず、文字の読み書きや計算などにおいて、その年齢の平均もしくはその人の全体の能力に比して、明らかな遅れが見られる状態のことである。

文部省（現・文部科学省）の定義によると、LD は「基本的には全般的な知的発達に遅れはないが、聞く、話す、読む、書く、計算する又は推論する能力のうち特定のものの習得と使用に著しい困難を示す様々な状態を指すものである。学習障害は、その原因として、中枢神経系に何らかの機能障害があると推定されるが、視覚障害、聴覚障害、知的障害、情緒障害などの障害や、環境的な要因が直接の原因となるものではない」となっている（文部省、1999）。知的障害や視覚・聴覚などの感覚障害、環境の悪条件などによらない、読み書きを中心とした学習に必要とされる諸技能習得における障害のことである。

ただ、この定義は、学校生活に必要とされる諸技能の困難という観点からまとめられており、医学的、心理学的にはさまざまな状態像を含んでいる。

---

*1　LD に相当する障害は、DSM-5 では限局性学習症／限局性学習障害（Specific Learning Disorder : SLD）と呼ばれているが、本章では、文部科学省も含め教育場面などに広く普及しているため LD の名称を使用する。

74　第Ⅱ部　障害の理解と支援

1.2 │ LD の種類

1.2.1 読み障害

　読み障害とは、知的障害がないにもかかわらず、文字を読むことに著しい困難が生じる障害である。読み障害のある子どもは成長段階に応じて、ひらがなやカタカナの読みに困難を示したり、特殊音節のある単語の読みを間違える（例：「ねっこ」と「ねこ」を混同する）、文字を抜かしたり文字順を間違える（例：「かわいい」を「わかい」と読む）、文を流暢に読めない、音読はできても内容を理解していないなどの症状を示す（海津、2010）。また、読みに障害があると、正しく読む経験を蓄積できないため、文章の読解や作文などにも困難が生じる。

　一般に、読み障害は、視覚的に捉えた文字やその並びを、対応する音声と結びつけることが難しいために、記憶内の単語の知識と結びつけにくいことによって生じると考えられている。

事例 6-1　小学 5 年生の A くんは、1 年生の頃ひらがなを全く読むことができなかった。そこで、表面に「あ」の文字、裏面にあひるが描かれた絵カードを用いて、「あ」の文字と「あひる」のイメージ、「あひるのあ」という音声を結びつけるなどしながら、1 文字ずつ覚えるところから取り組んだ。しかし、3 年生になっても流暢に文章が読めず、直前の内容から推測して文章にないことを勝手に読んでしまうなど、なかなか正しく読めるようにならなかった。そのため算数でも、計算問題はよくできるにもかかわらず、文章題は間違いだらけだった。母親は、A くんが教科書の内容を把握できるよう、事前に音読して聞かせることで対応していたが、年齢があがるにつれ A くんが嫌がるようになってきており、現在次の対応が必要な段階に入っている。

1.2.2 書き障害

　書き障害とは、文字を書くことの困難である。書き障害のある子どもは、文字の習得に時間がかかる、特殊音節の表記を誤る、「右」と書くべきところで「左」と書くなど正しい漢字の代わりに意味的に似ている漢字を書くといった誤りを示す。

書き障害には、読み障害から 2 次的に派生するものもあり、読み障害のある者の多くに書き障害が認められる。文字と音声の対応づけが十分にできなかったり、特殊音節の読み取りが不完全な場合、文字や文を書く際にも、想起した音声を文字に変換したり、特殊音節を正しく表記することは困難となる。

　書き障害には、文字を視覚的に認識することや、イメージする文字を正しく再現することができないために起こるものもある。このような場合には、字のイメージを正しく記憶できず形の似た別の字を書いたり、ノートのマス目や罫にバランスよく字を書けないなどの困難を示す。日本語の場合、漢字という、視覚的に非常に複雑な文字が混在しているため、読みには障害がないものの、書きには障害を示す者もいる。

事例 6-2　書き障害のある小学 3 年生の B くんは、漢字を読むことは学年相応にできるが、思い出して書くことが困難である。「青」を「青」と書いたり、「左」と書こうとして「式」のように反転させて書いてしまうなど、漢字の要素が定着せず、要素同士の位置関係も混乱している。きれいに書けず、時間もかかるため、漢字の宿題を白紙で提出したり、作文も嫌がるようになってきた。

　担任が夏休みの宿題でのワープロ利用を認めたところ、B くんは好きな電車についてワープロでしっかりした文章を書いてきた。担任は、作品から受ける印象が、手書きとは全く異なる自信に満ちたものであることに驚き、B くんが授業でワープロを使用することについて、学校や保護者との相談を始めることにした。

1.2.3　算数障害

　算数障害とは、数字の読み書きがうまくできない、正しく数えられない、誤った計算の仕方をする、繰り上がりや繰り下がりのある計算を間違える、文章題を読んで視覚的にイメージしながら式を立てることが難しいなどの障害である。

　算数障害は、数処理、数概念、計算、数的推論の 4 つの側面のいずれかにおける障害であると考えられる（熊谷、2016）。数処理とは、数詞（例：「さん」という音声）、数字（3）、具体物（実際にある 3 個のもの）の 3 者の関係の理解である。数概念とは、数が大きさや順序を表すことの理解である。計算は、和や

76　第Ⅱ部　障害の理解と支援

差が20くらいまでの繰り上がりや繰り下がりのある計算や、筆算の理解のことである。数的推論とは、文章題の内容を視覚的イメージに置き換え、次いで要素間の数の関係を式に表す能力である。

1.3 │ LDのメカニズム

上野（2006）は、EDGEが日本語に翻案した英国の読み書き障害のモデル図を紹介している（図6-1）。これによると、読み書きは、視覚的プロセス、聴覚的プロセス、両プロセスの作業を継続的に行うための視聴覚的な作動記憶、運動プロセスなどからなる。視覚的プロセスとは、目で見た文字の並びを、記憶内の単語の意味の辞書と照合するプロセスである。聴覚的プロセスとは、聞き取った音韻の並びを、記憶内の単語の意味の辞書と照合するプロセスである。作動記憶とは、見聞きした事柄を一時的に意識にとどめることである。単語を認識するには文字の並びを、文章を理解するには単語を意識にとどめることが不可欠となる。運動プロセスは、書いたり話したりするのに必要なプロセスで

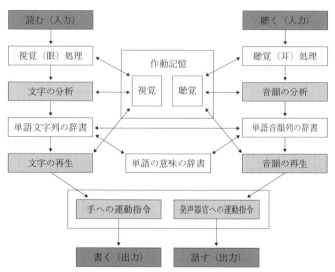

図6-1　読み書きのメカニズム
出典：上野（2006）

ある。成人の脳障害の研究や、近年の神経心理学の成果からは、これらのプロセスに対応する神経系の機構が確認されつつある。

これらのプロセスのいずれかがスムーズに機能しない状態が読み書き障害となる。読み書き障害にはさまざまなタイプがあるが、それぞれのタイプを図6-1に示したようなモデルに照らし合わせ、読み書きに関わるどの側面の機能が不十分かを考えることで、対応の糸口をつかみやすい。

1.4 │ LD の出現率

文部科学省（2012）の調査によると、LD は通常学級に在籍する子どもの 4.5％に見られる。出現率が少なくないわりには、この障害は目立ちにくい。それは、読み書きや計算に関する障害は、教え方や家庭環境などの環境要因や勉強不足によるものと区別がつきにくいことによる。また、子どもが、基本的な学習スキルの困難のために自己効力感を低下させやすく、自らの困難を表明しようとしないためでもある。自己効力感の低下ゆえに、クラス内で目立たないように過ごす子もいるが、あえて学習しようとせずに反抗的に見える態度をとることによって、LD を目立ちにくくする子どももいる。さらに、他の発達障害と併発しやすいことも LD が気づかれにくい理由である。LD がある児童の約1/4 に自閉症スペクトラム障害や ADHD も見られるが（文部科学省、2012）、このような場合、自閉症の症状に対する社会性の支援や、ADHD に対する多動への対応などが先行してしまい、LD については注目されにくい。これらの理由で、LD は多くの子どもに見られるわりには、注目されず、対応も不十分なのが現状である。

2 LD と発達

2.1 子どもの文字習得のプロセス

　幼児期の子どもは、遊びなどのなかで文字に対する意識を高める経験をしている。読み書きに障害のある子どもへの支援において、これらの自然発生的な文字意識の発達プロセスを、周囲が意識的に経験させることが有効である。

2.1.1 音韻意識の発達

　子どもたちが日常的に行う遊びのなかで、ふだん話している言葉が、複数の音節の組み合わせからできていることを意識できる機会はたくさんある。それらの遊びを楽しむことにより、子どもたちは音韻意識を深めていく。

　例えば、「グリコ」という遊びは、じゃんけんをしてチョキで勝ったら「チ・ョ・コ・レ・ー・ト」、パーなら「パ・イ・ナ・ッ・プ・ル」と言いながら6歩進むことで、自然に「チョ」「レー」「ナッ」などの特殊音節の構造に対する意識を深めていく。

　また、しりとりでは、語頭や語尾の音節が何なのかを意識的に考える。そして、例えば「学校」という単語の発音は「ガッコー」であるが、表記上は「がっこう」であり、語尾は「う」である、ということなどの認識を深めていく。

2.1.2 文字意識の発達

　子どもたちは、絵本を読み聞かせてもらっているうちに、絵本のなかにある文字に気づく。また、文字が、周囲の人物が使っている本や手紙などのなかでも用いられ、言語情報を伝達する社会的に特別な価値をもつものであることに気づいていく。子どものなかには、文字を覚える以前から、文字らしき黒い丸を並べて書き、それと音節を対応づけて読み上げたりしながら「お手紙ごっこ」をして遊ぶ子もいる。

　並行して、自分自身の名前などの文字を中心に、徐々に読める文字を増やしてゆく。ほとんどの子どもは、小学校入学前に一通りのひらがなの読み書きができるようになっている。

2.1.3 読書意識の発達

　読書意識とは、読書が楽しく価値のある活動であるという意識のことである。本を読むことを基本的に楽しいと思っている大人のもとで、楽しむために読みきかせをしてもらう経験が、読書に対するポジティブな気持ちを育てる。また、家庭に本が豊富にあり、養育者自身が読書を楽しんでいることも、子どもが読書意識を高めるためには重要である。

3 ｜ LD と自己形成

3.1 ｜ 書き言葉と自己形成

　書き言葉は、岡本（1985）によれば、抽象的な思考を育てたり自己を客観的に振り返るのに有効な手段である。乳幼児期に身近な人とのコミュニケーションを通して獲得する話し言葉を1次的言葉とするなら、文字による書き言葉は、読書その他の教育的な経験を通して育まれる、いわば2次的言葉である。書き言葉を用いて読書をしたり文章を綴ることによって、人は、目の前の現実を超えて、文章に描かれた世界を想像したり、抽象的な思考をしたり、目の前の現実について批判的に思考することができる。また、書き言葉を用いて自分の考えを表現することによって、自分自身の内面を客観化し、思考や感情を整理することができる。

　読み書きに障害がある場合、書き言葉の使いこなしが難しいため、結果的に、書き言葉が人間の思考にもたらすこれらの効用を十分に得ることができない可能性がある。

3.2 ｜ 学校生活における自己効力感

　学校生活は書き言葉とふれることなしには進まない。国語だけでなく、あらゆる教科で文字を用いる活動が発生する。特に小学校時代には、クラスで席順に音読をしたり、作文や文字を含む作品が掲示される場面は多く、読み書きの

困難がクラスで顕在化する機会が多い。このために、LD のある子どもは学習に対する自信を低下させやすい。

　LD がある場合、本人にとっても、周囲にとっても、多くの子どもが特に困難なくできることがなぜできないのか、どうやれば困難を軽減できるかを理解することは難しい。そのため、書字をひたすら反復するといった効果の薄い努力を強いられることも少なくない。その結果、自己効力感を低下させ、自分は努力してもうまくやれないという否定的な自己イメージをつくりやすい。

　しかし、LD がある子どもが、空間的な構成力や発想力、実行力、好奇心などに非凡な個性を現すことは少なくない。学校生活においても、各々の得意な分野で力を発揮できると、自己効力感を維持するのに有効である。

　書き言葉の使用によって自己を客観的に捉える力が育つとするならば、読み書きに障害がある子どもの場合、自己を客観視する力の未熟さや、感情コントロールの偏りをもつ可能性もある。その結果、学習以外の場面で周囲の注目を得ようとして、スポーツなどで力を発揮する場合もあるが、非行など社会的に望ましくない文化に関与したり、逆に引きこもり状態に向かうこともある。思春期以降の学校への適応を考えるとき、この問題は重要である。それだけに、読み書き障害のある子どもが自分の長所を認識し、課題にも立ち向かえるような支援を、周囲の大人が意識的に行うことが必要である。

4 ｜ LD の支援

4.1 ｜ LD 支援の基本的方法

4.1.1　アセスメント

　LD は一般に発見されにくいが、小学校中学年になっても、かな文字の読み書きや、特に特殊音節の読み書きに困難がある場合、LD を疑う必要がある。その際、学力全般の遅れか、読み書きなどに特化した遅れかを判別することが必要である。学力全般が遅れている場合でも、読み書きの困難から 2 次的に派生する遅れもあるので、注意が必要である。

第 6 章　学習障害（LD）　81

LD を測定するテストはいくつか開発されている。加藤ら（2016）は、ELC という音読・音韻処理能力簡易スクリーニング検査を開発した。この検査では、短い文章の音読／単語と無意味綴りを聞いて逆唱と特定の音を抜かすこと（例：ウサギを逆に言う、ミトカからミを抜かす）／単語と無意味綴りの表記を読み上げること、の３種類のテストから、読み書きの基礎となる音韻意識の状態を把握する。

海津（2010）は、通常学級で教師が実施することができる、読み書き障害のアセスメントと支援を一体的に捉える多層指導モデル MIM を提案している。MIM では、まず事前テストとしてクラスの児童全体の読み書きの水準を測ったうえで、読み書きに焦点を当てた丁寧な授業をクラスに対して行う。授業後に事後テストとして再度読み書きの水準を測定し、各児童の成績の伸びを見る。事前テストで成績の低かった児童のうち、事後テストで得点が上昇しなかった者について、一般的な丁寧な指導だけでは効果が上がりにくい特別な支援が必要な児童と特定し、より個別的な支援を実践する。

4.1.2　音韻認識を高める支援

読み書き障害の、文字に対応する音声を思い浮かべられない状態に対しては、文字と音声の結びつきを強めるのに有効な付加情報を添えながら学習を進めることによって、結びつきを促進したり、困難をカバーするような代替的な学習法が開発されている。

例えば海津（2010）は、単語の音韻的特徴を動作化することで、音韻意識を育てることを提案している。例えば、単語や文章を読みながら、清音は一文字一拍で手を叩き、促音はグーにした手を下におろす、拗音は両手を握り合わせるなどを行う。動作を伴わせることによって、通常の言語使用では意識しにくい単語の音韻的側面に注意を向けやすくする。

また、文章の読みに関しては、単語の切れ目を把握できるように文章を分かち書きにしたり、文節ごとにスラッシュを入れることは有効である。また、一文字ずつ読まなくても、単語全体の視覚的イメージでわかる単語を増やすことも、読む力を高めるのに有効である。

4.1.3 書字の障害への支援

　視覚的なパターン認知や、視覚的な短期記憶が困難なために文字を覚えられない場合は、「見て覚える」「書いて覚える」というだけでなく、さまざまな手段を使って文字の学習を促すことが考えられる。例えば、紐や細くのばした粘土などを用いて文字を形づくることなどは有効である。また、文字の見本で一画ごとに色を変えると、文字の構造を把握しやすい。

　視覚的短期記憶に困難がある場合、見ただけでは画数の多い漢字を覚えられないこともある。そのような場合は、漢字を部首などのパーツに分け、複雑な文字も比較的単純な要素の組み合わせであることを認識できると、文字の記憶が容易になる。聴覚的記憶が優れているなら、絵描き歌のように文字の書き方をつぶやきながら文字を書くなど、聴覚的刺激を伴わせるような支援もある。

4.1.4 テクノロジーを用いた支援

　LD の支援のもうひとつの方向として、タブレット端末などの ICT（Information Communication Technology）機器を用いた支援が考えられる。

　例えば、読み障害に対しては音声読み上げソフトの活用などがある。電子テキスト化された資料であれば、パソコンやタブレットが音声に変換をしてくれる。認可された教科書については DAISY 版と呼ばれる、音声読み上げに対応した教科書が配布されている。

　また、書き障害に対しては、ワープロ活用が考えられる。作文や日々の授業ノートなどにワープロを用いることで、書く作業の負荷を低減できる。板書を写すことが苦手な場合、タブレット端末のカメラ機能で板書を撮影し、その映像を横において見ながらノートを作成することなども考えられる。

　タブレット端末に関しては、学習での有効な活用法が続々と報告されている。子どものニーズに合わせた、創造的な実践の発展が期待される。一方で、情報収集や学校での使用のためのルール作りやその徹底、障害のある児に対してのみ利用を認めることに対する周囲の子どもたちの理解を促すなど、さまざまな条件整備の工夫も必要となる。

4.2 | 学校や教育場面での LD 支援体制

　2016 年に、障害を理由とする差別の解消の推進に関する法律（障害者差別解消法）が施行され、LD を含む障害のある児童に対する合理的配慮（第 15 章参照）が公立学校の義務となった。学校は子どもにとって、読み書きスキル習得の場であるだけでなく、心身全体の発達の場であるため、合理的配慮も読み書きスキルに限定されたものではなく、2 次障害などへの対応も含めた総合的なものであることが望ましい。

　まずは、周囲の大人が LD に気づくことが大切である。LD は一般に気づかれにくく、周囲も書字の乱れなどを自信ややる気の欠如と見なしがちである。学校現場で LD の正しい知識を共有し、子どもの学校への不適応状態を LD の観点から捉え直すことが必要である。

　いったん、LD があることがはっきりしたら、通常学級のなかでクラス全体に向けた丁寧な指導をいっそう意識すると同時に、個別の指導が可能な通級学級での指導も検討できるとよい。そのためには、保護者と学級担任、特別支援教育コーディネーター、通級学級教諭などが連携することも大切である。

　また、LD ゆえに自己効力感や自尊感情が低下しないような配慮が必要である。読み書きは学校生活に必須だが、その困難は本人の責任ではないこと、一歩ずつ取り組むこと自体に価値があることを、周囲の大人が伝える必要がある。

　また、学校では読み書きや論理的思考力に重点が置かれがちだが、人間にはそれ以外にも芸術的直感力や運動能力などさまざまな能力がある。LD がありながら特別支援学校教諭として活躍している神山（2007）は、小学生時代から高校まで、学校不適応がひどかったという。高校卒業後就職し、座学ではない実習を通した職業訓練で能力を発揮できた結果、自己効力感を回復し学びのおもしろさに目覚め、学校教諭へと方向転換した。こういったエピソードは、座学による読み書き以外の学習の可能性を示唆している。

　どんな人にも、その人らしさを特徴づける能力があるはずである。周囲の大人が LD のある子のそのような能力の存在を信じ、学校のなかに発揮できる場をつくっていくことが必要である。

考えてみよう

　現在、LD への対応として、タブレット端末やパソコンなどの ICT 機器を導入する動きが起こっている。通常学級で、LD の子どもが ICT 機器を活用することのメリットと、そのために検討しなくてはならない課題について考えてみよう。

●引用・参考文献

海津亜希子（2010）多層指導モデル MIM「読みのアセスメント・指導パッケージ」ガイドブック、学研教育出版

神山忠（2007）平成 19 年度 DAISY を中心としたディスレクシアキャンペーン事業：シンポジウム DAISY を中心としたディスレクシアへの教育的支援報告書 講演 1「ディスレクシアについて」http://www.dinf.ne.jp/doc/japanese/access/daisy/symp20080112/kouen1.html（2017.3.15）

加藤醇子・安藤壽子・原恵子・縄手雅彦（2016）ELC Easy Literacy Check：読み書き困難児のための音読・音韻処理能力簡易スクリーニング検査、図書文化社

熊谷恵子（2016）算数障害とは（算数障害を支援する）、こころの科学、187、46-52

文部科学省（2012）通常の学級に在籍する発達障害の可能性のある特別な教育的支援を必要とする児童生徒に関する調査結果について
　　http://www.mext.go.jp/a_menu/shotou/tokubetu/material/__icsFiles/afieldfile/2012/12/10/1328729_01.pdf（2017.3.17）

文部省・学習障害及びこれに類似する学習上の困難を有する児童生徒の指導方法に関する調査研究協力者会議（1999）学習障害児に対する指導について（報告）
　　http://www.mext.go.jp/a_menu/shotou/tokubetu/material/002.htm（2017.3.17）

岡本夏木（1985）ことばと発達、岩波書店

高橋登（1997）幼児のことば遊びの発達："しりとり"を可能にする条件の分析、発達心理学研究、8（1）、42-52

上野一彦（2006）LD（学習障害）とディスレクシア（読み書き障害）：子どもたちの「学び」と「個性」、講談社

Column

通級指導学級から特別支援教室へ：小学校の場合

　東京都の通級指導学級では、通常の学級に在籍している自閉スペクトラム症やADHDなど発達障害の子どもが通って専門的な指導を受けています。そこでは、コミュニケーションや社会性、集団場面での行動調整、自己理解などについて、小集団指導と個別指導を組み合わせた指導（例：感覚や感情の言語化・ソーシャルスキル・感覚統合・集団活動・個別での生活の振り返り）を行います。教員がチームで指導したり、子どもと在籍学級担任との関係をサポートしたりできることも通級指導学級の良さです。子どもたちは、小集団で学んだり体験したりすることにより、在籍学級でもふるまい方や人との関わり方が上手になったり、困ったときに発信したりできるようになってきました。

　ところが都は、平成30年度までに通級指導学級を廃止して、全小学校に特別支援教室を設置し巡回指導をするという、大きな方針転換をしました。簡単に言うと「子どもが通級指導学級に通うのではなく、通級担任が子どもの在籍校に行って指導をするようになる」という転換ですが、これは形態の変化だけを意味しているのではありません。指導時間が短くなり、個別指導が中心になっていく可能性が大きいのです。しかし、子どもたちは小集団のなかで友だちと関わることにより、集団生活上の困難さを軽減してきました。同じ悩みをもつ仲間と活動することが、安心感や活動への意欲に結びついているからです。時には他ではできない恋話や将来への不安などを話す姿も見られます。個別指導が中心となる新制度は、人との関わり方で苦労している子どもたちの困り感を増すことにならないか心配です。

　こういう変革期こそ現場で働く教員の知恵と力量が問われるときです。「子どもの行動の意味を読み取り、必要としていることに応える」「子どもの困り感をまわりの人に通訳（解説）する」「子どもが自分自身を好きになれるようにする」、そんな支援や指導ができる教員が増え、これからの現場で活躍していってほしいと願っています。子どもから学ぶ姿勢を忘れなければ、いつまでも続けたくなる仕事だと思います。

（安齋佳子／府中市立府中第三小学校教諭）

第 III 部

社会のひずみと
子どもが抱える困難

第7章 | いじめ

「いじめ」は、時として子どもを自死に追い込み、一生にわたって心に癒えない傷を残す、学校という、子どもが守られるべき場で起こる暴力である。本章では「いじめ」の現状を知り、いじめという行為の特徴、背景にある要因を理解する。そして、予防を含めた対応の方法を学ぶ。

1 | いじめの現状

1.1 | いじめの実際と社会問題化の変遷

「いじめ」とはどのような行為なのだろうか。文部科学省が 1985 年より毎年行っている、いじめの実態調査（「児童生徒の問題行動等生徒指導上の諸問題に関する調査」）には、表 7-1 にあるような行為があげられる（文部科学省、2016）。表中の A は言葉による暴力、B は心理的な圧迫、C・D は身体的な暴力や傷害、E は恐喝、F は窃盗や器物破損、G・H は他者への侮辱などである。これらの行為が学校で起こったとき、「いじめ」というあいまいな語に変わる。

このように、「いじめ」という語が、現代社会、なかでも学校に生じている病理的現象を表す「用語」「概念」として使われるようになったのは、1980 年代半ば、子どもが自死に至る事件が相次いで報道され、社会に衝撃を与えたことに端を発する。最初の大きな事件は、1986 年の「鹿川くん事件」である。その後、1990 年代半ば（1994 年の「大河内くん事件」など）、2000 年代半ば（2006 年の「福岡県筑前町での自死事件」など）と、約 10 年を周期として計 3 回、いじめによる深刻な被害が報道され、社会に大きな波紋を呼んだ。そして、2011 年の大津市での自死事件を契機として論議が高まり、4 回目の社会問題化の波が押し寄せ、2013 年に「いじめ防止対策推進法」が成立・施行されるに至った。しかし、その後も自死事件は絶えない。2011 年の原発事故によって福島県から関東圏に避難してきた子どもに対する多くのいじめの実態が、2016 年にな

88　第Ⅲ部　社会のひずみと子どもが抱える困難

って明らかになった。また、性的少数者[*1]や、発達障害など障害のある子ども、外国につながる子ども（多文化・多言語の子ども）に対するいじめも問題となっている。

表7-1　いじめの様態

区分	小学校 件数 構成比（％）	中学校 件数 構成比（％）	高等学校 件数 構成比（％）	特別支援学校 件数 構成比（％）	計 件数 構成比（％）
A. 冷やかしやからかい、悪口や脅し文句を言われる	94,026 （62.2）	39,987 （67.3）	7,764 （61.4）	733 （57.5）	142,510 （63.5）
B. 仲間はずれ、集団による無視をされる	28,404 （18.8）	9,098 （15.3）	1,960 （15.5）	132 （10.4）	39,594 （17.6）
C. 軽くぶつかられたり、遊ぶふりをして叩かれたり、蹴られたりする	38,757 （25.6）	9,995 （16.8）	1,787 （14.1）	319 （25.0）	50,858 （22.6）
D. ひどくぶつかられたり、叩かれたり、蹴られたりする	13,648 （9.0）	3,433 （5.8）	676 （5.3）	76 （6.0）	17,833 （7.9）
E. 金品をたかられる	2,810 （1.9）	885 （1.5）	414 （3.3）	29 （2.3）	4,138 （1.8）
F. 金品を隠されたり、盗まれたり、壊されたり、捨てられたりする	10,253 （6.8）	3,751 （6.3）	769 （6.1）	78 （6.1）	14,851 （6.6）
G. 嫌なことや恥ずかしいこと、危険なことをされたり、させられたりする	12,240 （8.1）	4,193 （7.1）	965 （7.6）	108 （8.5）	17,506 （7.8）
H. パソコンや携帯電話等で、ひぼう・中傷や嫌なことをされる	2,072 （1.4）	4,608 （7.8）	2,366 （18.7）	103 （8.1）	9,149 （4.1）
I. その他	6,692 （4.4）	1,907 （3.2）	569 （4.5）	63 （4.9）	9,231 （4.1）
認知件数	151,190	59,422	12,654	1,274	224,540

（注1）複数回答可とする。
（注2）構成比は、各区分における認知件数に対する割合。
出典：文部科学省（2016）を基に作成

＊1　性的少数者とは、同性愛者（Lesbian/Gay）、両性愛者（Bisexual）、心と体の性が一致しないトランスジェンダー（Transgender）などを指す。

第7章　いじめ　89

次に、主な重大事件の概略を紹介する。

【鹿川くん事件】

　1986 年、中学 2 年生だった鹿川くんは 7〜8 人のグループ内で使い走りをさせられ、身体的暴力、金銭の要求、顔にマジックで落書きされ踊らされるといった侮辱を受けるなど、悲惨ないじめが続いていた。さらに、「鹿川君へ さようなら」などと書いた色紙や花や線香などを机に並べるという「葬式ごっこ」が行われた。クラスのほぼ全員と担任を含む教師 4 人まで参加したという。鹿川くんは「俺だってまだ死にたくない。だけどこのままじゃ「生きジゴク」になっちゃうよ」などと記した遺書を残し、自死した（朝日新聞社会部、1986）。

【大津事件】

　中学 2 年生の A くんは 2011 年 9 月から、友人だった 2 人より校内で頻繁に暴行を受け、何度もズボンを脱がされる、「A 死ね、○○（A くんの父親の名前）死ね」などの暴言を浴びせられるなどの心理的・物理的攻撃を受けた。加害生徒とは仲良しグループだったこともあり、A くんは被害を誰にも相談できなかった。複数の生徒がいじめではないかと担任に申告し、複数の教員から担任や学年主任に情報が上がったが、学校は最後までいじめとして認めなかった。A くんはいじめが止むことはないという絶望感、無力感に陥り、自死を決行した。その後いじめの実態が明らかとなったものの、11 月、学校は「A の保護者が虐待していた」「いじめと自殺の因果関係はわからない」と調査を打ち切った。市教育委員会には緊急対策チームが設置されず、中学校への明確な支援体制がとれなかったと報告されている（大津市教育委員会、2013）。

【原発事故後、福島県から横浜市に避難してきた子どもに対するいじめ】

　2011 年、被害児童が小学 2 年生時に福島県から転入した後、執拗に追い回されたり、「○○菌」と呼ばれたりするいじめが始まった。3 年生の時期に一時期不登校となり、4 年生の時期には鉛筆を折られたり、蹴られたりするいじめを受けた。5 年生のとき、被害児童は約 10 名の同級生と遊園地などのゲームセンターに度々通い、遊興費、食事代、交通費などの多額（約 150 万円）の

金銭を負担した。学校も教育委員会も、多額の金銭の授受があったことは把握していたが、いじめの重大事態として扱わなかった。その後、5年生の6月頃から6年生の3月まで被害児童は不登校となり、中学進学後もフリースクールに通う（文部科学省、2017／朝日新聞デジタル、2017a）。以下は、男子生徒が小学6年生のときに書いた手記の一部である。

> としょホール　教室のすみ　防火とびらのちかく　体育館のうら　3人からどれかしらでお金をもってこいと言われた。（中略）ばいしょう金あるだろと言われむかつくし、ていこうできなかったのもくやしい。A、Bにはいつもけられたり、なぐられたりランドセルふりま（わ）される、かいだんではおされたりしていつもどこでおわるかわかんなかったのでこわかった。（中略）いままでいろんなはなしをしてきたけどしんようしてくれなかった。だからがっこうはだいっきらい。なんかいもせんせいに言おうとするとむしされてた。（中略）いままでなんかいも死のうとおもった。でも、しんさいでいっぱい死んだからつらいけどぼくはいきるときめた。（中略）5年のたんにんはいつもドアをおもいっきりしめたりつくえをけったりして3.11のことをおもいだす（朝日新聞デジタル、2017b）。

1.2 ｜いじめの件数

　図7-1は、文部科学省によるいじめの実態調査の結果である。大きな事件によって社会問題化の波が起こると、いじめの定義や調査方法が変更され、その直後にいじめの件数が跳ね上がっていることがわかる。

　最近のいじめの件数は、現在の調査方法に変わった2006年以降減少傾向にあったが、2011年の大津事件後、大幅な増加に転じた。

　2012年の増加の背景にあるのは、大津事件の後、いじめ問題に対する社会的な論議が沸騰したことや、国の積極的な関与[2]などによって、調査や対策に、より綿密に取り組んだ学校が増えたことである。実数として増えたというより

---

[2]　2012年「いじめ、学校安全等に関する総合的な取組方針」が策定された。

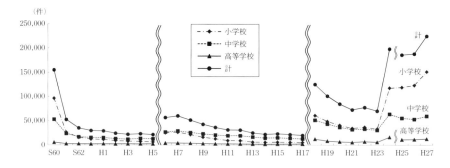

(注1) 平成5年度までは公立小・中・高等学校を調査。平成6年度からは特殊教育諸学校、平成18年度からは国私立学校、中等教育学校を含める。
(注2) 平成6年度及び平成18年度に調査方法等を改めている。
(注3) 平成17年度までは発生件数、平成18年度からは認知件数。
(注4) 平成25年度からは高等学校に通信制課程を含める。

図 7-1　いじめの認知（発生）件数の推移
出典：文部科学省（2016）

も、それまで見逃されたり、子ども同士のけんかや遊びなどとして見過ごされてきたりしたものが、いじめとして認知されるようになったのである。いじめは常に起こっているもの、という認識に立ち、何も起こっていないように見える日常からの対応が重要である。

2　いじめとは何か

2.1　いじめの定義

　文部科学省は1985年に初めて「いじめ」を定義し、実態調査を開始した。3回目の改定版に当たる現在の定義は、いじめ防止対策推進法により、「児童等に対して、当該児童等が在籍する学校に在籍している等当該児童等と一定の人間関係にある他の児童等が行う心理的又は物理的な影響を与える行為（インターネットを通じて行われるものを含む。）であって、当該行為の対象となった児童等が心身の苦痛を感じているものをいう」とされる（下線は筆者による）。

この定義には、次のような意味が含まれている。特定の子どもが被害に遭い続けたり加害を続けたりするのではなく、被害者と加害者は恒常的に入れ替わり、強者から弱者に対する行為という大人の目から見た力の優劣では判断できない／何らかの人間関係のあるなかで起こる／継続性や行為の反復性は問わない／SNSなどを使った「ネットいじめ」を含める／個々の行為が「いじめ」に当たるか否かの判断は、事実を把握しきれなくても被害者の訴えがあればいじめと認定する、などである。

2.2 ｜ いじめの本質

　いじめとは何かに関して、森田（2010）は、「いじめとは、同一集団内の相互過程において優位に立つ一方が、意識的に、あるいは集合的に他方に対して精神的・身体的苦痛を与えることである」としている。これを詳しく見ていこう。

2.2.1　学校を中心とした人間関係のなかで起こる

　いじめは、学校や学級という逃れられない枠組みや集団のなかで、そして親密性という関係のなかで起こる。その集団に属さない外部の者が標的にされるのではなく、学級内や友だち関係などの閉じた関係を利用して、相手を逃れられない立場に置いて進行していく。

2.2.2　力関係のアンバランスとその乱用がある

　同一集団内には、人間関係の相互作用の過程で「優位‐劣位関係」が発生し、優位な力が乱用されるといじめとなる。しかもその優劣は集団のなかで固定されたものではなく、流動的である。「いじめっ子」「いじめられやすい子」というように、個人的な特性に帰されない。いじめとは、「相手に脆弱性を見出し、それを利用する、あるいは脆弱性を作り出していく過程」（森田、2010）である。

2.2.3　集団の心理が働く

　個人にいじめの意図が特にない場合でも、集団のなかでは特有の心理が働き、集団内部の相互作用が生じる。同調してしまう集団圧力[*3]がかかったり、加担しなければ今度は自分がいじめに遭うのではないかという不安がわき起こったり、遊びが昂じていじめに転じたりすることがある。後述する「いじめの4層構造」にある「観衆」や「傍観者」の存在も、いじめをつくる。

2.2.4　精神的な被害性の存在

　いじめは、身体的な暴力以上に、何よりも被害者の「心」に傷を負わせる。深い心の傷は、最悪の場合、ひとりの人間の生命を奪う。そこで失われる生命とは、生物としての生命だけではなく、自己の尊厳や自己肯定感をはぎとられた末の「「人間存在」としてのいのち」（森田、2010）である。

　村山ら（2015）によれば、いじめの被害者は強い抑うつ、自傷を行うリスクが高くなる。また、自閉症スペクトラム障害の子どもの心理的な後遺症の深刻さが指摘されている。杉山（2010）によれば、彼らはいじめられている最中はその意味が理解できないが、何年も後になってからタイムスリップ現象を介してフラッシュバックが生じ、トラウマとなり、社会的不適応や対人関係の著しい不全を起こしやすい。

2.3 ｜いじめの構造

　いじめは加害者と被害者の2者関係で起こっているのではなく、集団の相互作用的な構造のなかで起こる。森田・清永（1994）は、被害者と加害者の外側に「観衆」、その外側に「傍観者」という存在があり、その4者が絡まり合ったなかでいじめが起きている、とした（「いじめの4層構造モデル」、図7-2）。

　観衆とは、はやしたてたり、おもしろがったりして見ている子どもたちであ

＊3　集団のなかにおいて、個人の意図や意識とは異なる、集団の行動に同調する行動（同調行動）を起こさせる力のこと。集団には、校則のようなフォーマルな規範（集団規範）と、暗黙の了解や仲間内の感じ方の基準のようなインフォーマルな規範があり、規範から外れた行動には規範に沿うように引き戻す集団圧力がかかる。

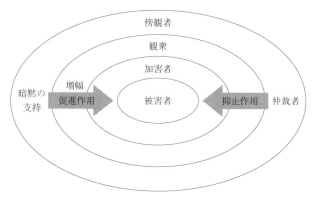

図7-2　いじめの4層構造モデル
出典：森田（2010）を基に作成

る。いじめを積極的に是認することで、いじめを増幅させ、加害者側に加担する。

　傍観者とは、自分が被害者になることを恐れたり、他者の問題に無関心だったり、集団に同調的であったりして、見て見ぬふりをしている子どもたちである。いじめを暗黙的に支持することによって、加害者に服従し、いじめを促進する存在となる。傍観者の存在は服従の構造を広げ、いじめ集団の圧力が強まり、止めに入ろうとする子どもをためらわせる。

　しかしながら、いじめという「力の乱用」に対する反作用として、まわりで見ている子どもたちのなかに仲裁する子どもがいたり、冷ややかで否定的な態度をとる子どもがいたりすれば、いじめへの抑止力となる。この4つの層は流動的であり、立場は常に入れ替わる。

2.4 ｜ いじめの進行

　いじめの発見は容易ではない。その理由として、中井（1997）は、「いじめ」とは人間を奴隷化するプロセスであり、「孤立化」「無力化」「透明化」という3つの段階が巧妙に進行していくからである、と述べている。これを紹介しよう。
　第1段階の孤立化では、まず、特定の人間を「いじめ」の標的に決めてまわ

りにそれを知らせる。するとまわりの人間は「自分ではない」とほっとし、標的から距離を置こうとする。

　次に、加害者は、標的とした人間の些細な身体の特徴や癖などを問題とし「いじめられるには理由がある」と、PR作戦を行う。まわりの人々は差別の気持ちをくすぐられ、教師ですらも「そういえば、そういうところがある」と思わされ、加害者の味方になる。被害者も「いじめられてもしかたがない」いう心理に追い込まれ、自分のふるまいに絶えず気を配るようになる。いじめを止めてもいいと思っている人たちも、「この子には、かばってあげるような価値がない」と目をつぶるようになり、被害者に、孤立無援であることを実感させる。

　第2段階の無力化とは、孤立化している被害者に対して暴力が繰り返され、被害者に「反撃は一切無効だ」と観念させる段階である。被害者が反撃に出ると加害者は過剰な暴力で罰し、誰も味方にならないことを繰り返し実感させる。加害者は、大人がこのいじめに手を出さないだろうと踏んだうえで、大人にいじめを訴えるのは卑怯な行為だと教え、被害者も大人に訴えるのは卑怯、という価値観を取り入れるようになり、また、大人への期待をほとんど失う。

　第3段階の透明化とは、いじめが行われていても、それが風景の一部としか見えなくなる段階である。被害者にとっては加害者との人間関係だけがリアルな関係で、まわりの大人や級友たちは遠い存在になる。加害者は、大人の前では被害者と仲良しであるかのようにアピールしたり、別のいじめの加害に加担させたりして、被害者が被害者であるという最後の拠り所さえ奪おうとする。この段階ではしばしば多額の金銭の搾取が行われ、万引きや、親のお金を盗むなど、家族を裏切る取り返しのつかない行為をさせられる。しかも、その多額の金銭をあっという間に浪費したり燃やされたりして、自らの無価値さが完成させられ、「出口がない」との感は極限に達する。そして自死へと向かわせるのである。

3 いじめへの対応

3.1 早期発見と短期的対応

　2013 年に「いじめ防止対策推進法」が施行され、いじめの防止・対策を講じることは国家・地方公共団体・学校などの責務である、とされた。この法律によって、学校は、組織としていじめに対応する法的責務を負うことになった。学校ごとに具体的な方針を策定し、複数の教職員、心理・福祉などの専門家、その他の関係者により構成される組織（「いじめの防止等の対策のための組織」）を置き、定期的なアンケート調査や教育相談の実施などに取り組むよう求められている。

　しかしながら、何らかの事件が起きていることが把握されているにもかかわらず、「いじめとしての対策」が後手に回るというケースが後を絶たない。吉田（2015）は、いじめかどうかの認定は不要であり、必要なことは暴力・恐喝・冷やかし・悪口・無視・物隠しなどの個別の問題に対応することである、と述べている。先に見たように、いじめの進行は巧妙である。「孤立化」の段階での気づきが求められよう。一つ一つの具体的な暴力行為を見逃さず、「仲良しだから」「よくあることだから」などと放置しないことが何よりも重要である。

　そのために、子どもの日常に最も身近な存在である教師や児童支援員としては、日々の観察や雑談などを通して、一人一人の顔を見て子どもたちの様子や小さな変化を見逃さない、家庭との連絡ノートなどで家庭での状況を日常的に把握する、などの対応を心がける。

　何らかの暴力を伴う事態や支配的な人間関係が発生していることが疑われたら、保護者や校内の教職員、学童保育や児童館職員などの地域の関係者間で情報を共有する。暴力・恐喝・冷やかし・悪口・無視・物隠しなどの被害があることが判明した場合、すみやかに組織として事実関係を確認し、対応に移る。

　そこで求められる対応とは、「いじめかどうかを認定すること」ではない。まず被害者の訴えを受け止め、学校や地域での安全を確保する。そして「あなたは悪くない」とはっきり伝えて、被害者の抱える劣等感や自己否定感を和らげ、自尊感情の回復に努める。加害者に対しては、「いじめ」という語を使わ

ず具体的な行為をあげ、その行為は絶対に許されないことだと伝える。かつ、「そうしてしまった気持ち、事情」を聴きながら背景にある真の支援ニーズを探り、教育や発達の機会と捉えて対応する。観衆や傍観者に対しては、いじめを止めさせることはできなくても、誰かに知らせる勇気をもつことや、はやし立てたり、見て見ぬふりをしたりするのはいじめに加担する行為である、ということを理解させる。

3.2 予防・長期的対応

今日、被害者あるいは加害者として、すべての子どもがいじめに巻き込まれるという実態があり、日常的な予防策や、子どもの社会性の発達それ自体を促す取り組みが重要となる。図7-3は、子どもをいじめの加害に向かわせる要因と、その関係を図式化したものである。

これによると、遂行結果や勝ち負けが強調される学級風土のなかで、子ども同士のいざこざや不和の多い学級で「勉強がわからない」というストレスを抱

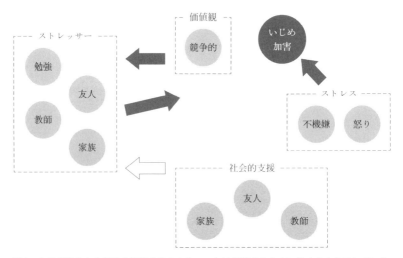

(注) ➡は対象となる事象を促進することを、⇨は抑制するように働くことを示している。

図7-3 いじめ加害に向かわせる要因間の関係モデル
出典：国立教育政策研究所（2010）を基に作成

え、家族・友人・教師からのサポートが十分にない場合、子どもたちに不機嫌や怒りの情動が巻き起こり、他者への加害に向かわせる。したがって、努力や習熟のプロセスを認め合える学級風土づくりや、競争的ではなく仲間同士で支え合って協働できる力を育てる、集団のなかで一人一人の子どもが認められる活動をつくるなど、子どもの社会性の発達支援に基本的な視点を据えることが重要となる。

4 ネットいじめ

「ネットいじめ」とは、インターネット上の掲示板・ブログや SNS などに誹謗・中傷の書き込みをする、電話番号や写真などの個人情報を無断掲載する、特定の人間になりすまして発信するといった行為である。次の点が対面型のいじめと異なっている。①匿名性により、安易に書き込めるため、子どもが簡単に加害者にも被害者にもなる。②インターネット上に一度流出した個人情報は、回収・消去することが困難であり、被害者も加害者も苦しみが続く。③インターネットの接続が可能な場所では、時空を超えていじめを受ける。④情報は短期間で不特定多数の人々に拡散し、被害は一気に深刻化する。⑤子どもの利用している掲示板などを詳細に確認することが困難なため、いじめの実態の把握が難しい。

対応としては、まず予防策として、対面型のいじめと同様、3.2 で述べた考え方が基本となるだろう。そのうえで、ネット上の書き込みなどのチェック体制の強化や、低学年から情報モラル教育を進めることなどが考えられる。

考えてみよう

インターネットや SNS を使った「ネットいじめ」の予防として、日頃から、子どもたちにどんな力を育てたらよいだろうか。

第 7 章　いじめ　　99

●引用・参考文献

朝日新聞デジタル（2017a）「菌」「賠償金あるだろ」原発避難先でいじめ 生徒手記（2016年11月16日）

　http://www.asahi.com/articles/ASJCH5GJYJCHULOB02P.html（2017.3.14）

朝日新聞デジタル（2017b）原発避難でいじめ被害 男子生徒の手記2通全文を公開（2017年3月8日）

　http://www.asahi.com/articles/ASK385TZVK38ULOB01M.html（2017.3.14）

朝日新聞社会部（1986）葬式ごっこ、東京出版

国立教育政策研究所（2010）いじめ追跡調査 2007-2009

　http://www.nier.go.jp/shido/centerhp/shienshiryou2/3.pdf（2017.3.10）

文部科学省（2016）平成27年度「児童生徒の問題行動等生徒指導上の諸問題に関する調査」（速報値）について

　http://www.mext.go.jp/b_menu/houdou/28/10/__icsFiles/afieldfile/2016/10/27/1378692_001.pdf（2017.3.22）

文部科学省（2017）原子力発電所事故の避難者である児童生徒に対するいじめについて

　http://www.mext.go.jp/b_menu/shingi/chousa/shotou/124/shiryo/__icsFiles/afieldfile/2017/01/26/1381604_003.pdf（2017.3.17）

森田洋司・清永賢二（1994）いじめの見え方、森田洋司・清永賢二（1994）新訂版いじめ：教室の病い、金子書房、41-58

森田洋司（2010）いじめとは何か：教室の問題、社会の問題、中央公論新社

村山恭朗ほか（2015）いじめ加害・被害と内在化／外在化問題との関連性、発達心理学研究、26（1）、13-22

中井久夫（1997）いじめの政治学、アリアドネからの糸、みすず書房、2-23

大津市教育委員会（2013）大津市いじめ第三者委報告〈要旨〉

　http://www.kyoto-np.co.jp/kp/topics/kanren/ijimehoukokusyo/index.html（2017.4.2）

杉山登志郎（2010）いじめ・不登校と高機能広汎性発達障害、こころの科学、151、64-69

吉田順（2015）いじめ指導24の鉄則：うまくいかない指導には「わけ」がある、学事出版

第8章 | 不登校

　不登校の子どもの数は小6から中1にかけて急増する。このことから、不登校については「思春期の子どもの心理」と「中学校への移行という環境変化」の両面から考える必要がある。現代の不登校の状態像は発達障害との関連を含め多様化しており、多様なネットワークによる支援が求められている。

1 | 児童期・思春期の心理と不登校

1.1 | 不登校の現状

　文部科学省は、「年度間に連続又は断続して30日以上欠席した児童生徒」について調査している。「不登校」とは「何らかの心理的、情緒的、身体的、あるいは社会的要因・背景により、登校しないあるいはしたくともできない状況にある者（ただし、「病気」や「経済的な理由」によるものを除く）」である。

　不登校の児童生徒数は平成13年度まで増加の一途を示し、それ以降はほぼ横ばい状態にある。学年が上がるにつれ不登校児童生徒数は増加し、特に小6から中1にかけて急激に増加している（図8-1）。これは中1ギャップと呼ばれ、教科担当制に変わる「中学校への移行期の適応に関わる問題」であり、同時に「思春期特有の心理」が関わって不適応が生じやすくなっている。

　表8-1は、教師が判断した不登校の児童生徒のタイプ（分類）と要因である（文部科学省、2017）。本人に係る要因（タイプ／分類）としては、「不安の傾向」「無気力の傾向」が多く（各30%程度）、次いで「学校における人間関係に課題」のあるタイプ（17.2%）となる。

　不登校の要因と考えられる事項は、本人のタイプによって大きく異なる。「学校における人間関係に課題」のあるタイプでは「友人関係」が多い（70.9%）。このタイプに比べ他のタイプは「家庭に係る状況」の選択が多い。「学校に係る状況」を見ると、「無気力の傾向」タイプでは「学業不振」が、「不安の傾向」

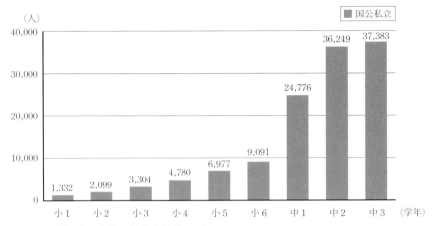

図 8-1　学年別不登校の児童生徒数のグラフ
出典：文部科学省（2017）

表 8-1　不登校の要因（国公私立小・中合計）

本人に係る要因（タイプ／分類）	分類別児童生徒数とその割合（％）	家庭に係る状況（％）	学校に係る状況（％）			
			いじめ	友人関係（いじめを除く）	学業不振	学校の決まり等を巡る問題
学校における人間関係に課題	21,628 (17.2)	15.6	2.4	70.9	11.7	2.1
遊び・非行の傾向	7,844 (6.2)	41.1	0.1	8.6	25.1	33.9
無気力の傾向	38,024 (30.2)	44.1	0.1	12.2	29.0	3.5
不安の傾向	38,536 (30.6)	33.6	0.3	27.9	19.0	1.9
その他	19,959 (15.8)	55.7	0.2	8.9	10.6	1.9
計	125,991 (100.0)	－	－	－	－	－

（注1）「学校に係る状況」の細目は抜粋して掲載した。
（注2）「家庭に係る状況」「学校に係る状況」のいずれも複数回答可。
（注3）「家庭に係る状況」「学校に係る状況」に掲出した数値（％）は、分類別児童生徒数に対する割合。
（注4）「家庭に係る状況」とは、家庭の生活環境の急激な変化、親子関係を巡る問題、家庭内の不和などが該当する。
出典：文部科学省（2017）を改変

タイプでは「友人関係」次いで「学業不振」の選択が多い。これらに加え不登校の背景には「学校に対する価値観の変化」、例えば学校に行くことを当然とする価値観がゆらいでいる日本社会の変化がある。

どの不登校においても「本人、家庭、学校、社会」の４つの要因は多かれ少なかれ関わっている。本人の状況（ここでいう「タイプ」）も時間の経過のなかで変わっていく。無気力や情緒不安定といった自我や対人関係の未熟さ（本人の要因）が指摘されるケースであっても、そこに学校の環境や家庭状況が絡んで不登校に至る場合が多い。それゆえ上記４つの要因を踏まえて支援を考えていく必要がある。もちろんいじめなどの問題が把握された場合には、その問題への対応が急務となる。しかしながら、いじめのような大きな問題によって子どもの自我が深く揺さぶられた場合、一応の「解決」に至っても、すぐに学校復帰とならない場合もある。

また、不登校の子どもたちで身体の不調を訴える者は少なくない。不安や緊張に対する抑うつ反応として身体症状を起こしやすい。注意を要するのはそのなかに起立性調節障害（OD）[*1]という病気が隠れているケースがあることだ。思春期に身体が急成長する影響と考えられ、小学校高学年から増え中学生で急増する。体調が悪くて朝起きられず学校に行けない。症状の個人差や変動が大きく周囲から理解されにくい。このため家族などから怠惰と思われて適切な治療が遅れる場合がある。身体の不調については「気持ちのせい」という捉え方ではなく、まずは身体の病気として接することが基本である。

このように不登校は単線的に捉えるのでは不十分であり、多面的な理解を必要としている。

1.2 ｜児童期・思春期の心理

小学校低学年の段階では、家庭から離れて学校生活を送ることに分離不安を感じる子どもがいる。不安を感じながらも教師や新しい友だちとの関係ができ

＊1 　起立性調節障害（Orthostatic Dysregulation）：循環に関する自律神経の働きが悪く、起立時に身体や脳への血流が低下して立ちくらみやめまい、倦怠感などの症状が出る。

てくるなかで自分の居場所をつくり、いつの間にか不安を感じなくなっていく。ところが、周囲との関係性を上手に築けぬままだと社会性の未熟さから不登校につながる恐れがある。強い分離不安の背後に養育者との不安定なアタッチメントがあることが多い。

　一方、小学校高学年から中学生は、子どもから大人への移行過程の入り口にさしかかる。思春期の自我意識の高揚と不安定化の時期に入り、子ども同士の半自治的、自立的人間関係を経て成長していく時期である。この時期に過剰に友だちに合わせようとする同調傾向が強まると、子どもの自我は傷つきやすくなり、適度なフラストレーションに耐える力が失われやすい。そんな自我の発達的課題に関わって不登校は増大する。では思春期の自我の発達に関わる「時間的展望」と「自尊感情」の特徴を見てみよう。

　「時間的展望」とは、これからの自分を見通し、どう生きていきたいかという問題におぼろげながらもふれ、向き合う力である。思春期は他者との相対的比較や客観的把握という認識の深まりがあるからこそ、逆に時間的展望が描きにくくなる。都筑（2008）によれば、小4では強かった「将来の希望」（例：大きくなったらやってみたいことがある）、「計画性」（例：自分で計画を立てて勉強できる）が学年が上がるとともに弱くなっていき、逆に「空虚感」（例：毎日が何となく過ぎていく）が強まっていくという変化が見られた。つまり子どもにとっては学級担任制の小学校から教科担当制の中学校への移行に代表されるような環境の変化と、子ども自身の認識能力の発達という2要因が相互作用して、将来への展望が描きにくくなってしまうのである。

　「自尊感情」については、国際比較研究により日本の子どもや若者の自尊感情が諸外国に比べ低いことが指摘されている（佐藤、2009）。自己肯定感と自己主張の発達との関連も見いだされている。日本の子どもの自己主張の力が幼児期以降にあまり伸びないことは、子どもの自尊感情の低さに関与している。日本の子どもたちは時間的展望のもちにくさと自尊感情の低さという課題を抱えており、これが自立への道のりを困難にしていると考えられる。

2 ｜ 不登校の意味と支援

2.1 ｜ 不登校の子どもが求める支援

　支援者（教師、スクールカウンセラー、民間施設などの支援者）は、まず「不登校は誰にでも起こりうる」という立場に立つ。そして不登校の意味するところ、葛藤を通して子どもはどう成長していったのかを理解する視点をもたねばならない。

　文部科学省（2014）は、平成18年度に不登校であった生徒（中学3年生）に対して、5年後の状況などの追跡調査を実施している。高校進学率は、必ずしも希望通りではないにせよ85.1%（高校中退率14.0%）であり、適切な支援によって不登校は改善されうることが推測できる。インタビュー調査からは、不登校の経験によって成長したと思う点として、「休んだことで今の自分がある」「成長した・視野が広がった」「出会いがあった」「人とは違う経験をした」「人に優しくなった」などが報告されている。インタビューに答えた子どもの姿からは、不登校という体験を自らの成長につなげて意味づけ直し、前向きに進んでいることがわかる。回り道に見えても、その子どもにとっては自分を育てるために必要な時間であったと考えられる。ただしこのような意味づけがされるのは、ある程度状態が改善し、苦しみを過去のこととして振り返ることができるようになってからが多い。

　また「（振り返って）中3のときにあればよかったと思う支援」（表8-2）には、心の悩みや人との付き合い方、居場所といった「心のケア」を求める面と、勉強や生きるための技能、進学の相談といった「進路形成への支援」を求める面とがある。不登校の渦中にいる子どもは、必要なものを自ら言語化することが難しい。支援者は「放っておいてほしい」という子どもの言葉を鵜呑みにするのではなく、学校や他者に「近づきたい気持ち」と「離れたい気持ち」のせめぎあいで揺れ動く心理に忍耐強く寄り添っていかねばならない。

　一般的に欠席状況が長期化すると不登校からの回復がより難しくなる。家族や教師は子どもの気がかりな様子を早期にキャッチして寄り添いたい。不登校には先の見えないつらさがあるが、長期的なスパンで子どもの支援をしていく

表 8-2　中学 3 年生時の支援のニーズ

選択肢		男子（%）	女子（%）
1 進学	進路形成への支援	22.9	23.0
2 仕事		11.6	11.8
3 勉強		22.1	27.5
4 技能		22.7	21.1
5 表現	心のケアとコミュニケーションスキル	29.7	33.3
6 居場所		23.2	26.4
7 悩み		25.7	38.2
8 生活		9.3	9.0
9 その他		4.6	5.7
10 なし		37.1	30.0

（注1）「5 表現」は「自分の気持ちをはっきり表現したり、人とうまく付
　　　き合ったりするための方法についての指導」
（注2）「8 生活」は「規則正しい生活習慣についての指導」
出典：文部科学省（2014）を改変

ことが求められる。

2.2 ｜心のケアとコミュニケーションスキルの支援

　不登校の子どもの多くは「学校に行けない自分」に誰よりも苦しんでいる。子どもを支える支援者は、子ども自身の体調やペースを尊重しながら子どもが少しでも安心できる状況と居場所をつくることを優先していく。

　不登校には、その時期（段階）ごとにある程度の特徴がある。状態は一人一人異なると踏まえたうえで、時期的特徴を押さえながら関わり続けることが基本である。まずは子どもの表情の暗さや居場所のなさに早期に気づき寄り添う。子どもの傷ついた気持ちを受け止め、安心感を回復する（心のケア）。次に動けそうで動けない時期が来ることは多く、一進一退に焦らずあくまで子どものペースを尊重する。そのなかで一緒に目標を考えて小さなステップを踏む。回復期に向かう頃は子どものプライドを尊重しつつ無理をさせない（魚住、2013）。子どもの心のエネルギーの充電を見極めながら寄り添い続ける。そのうえで、「待つ」だけでなく心の状態に応じて働きかけることが必要となる。

　親や大人の価値観から離れて自立していこうとする思春期の子どもにとって

は、その不安定さを補うために友人関係はより重要なものとなる。友人とのコミュニケーションは子どもの主たるソーシャルサポートとなり、子どもが心理的な葛藤を乗り越えていく支えとなる。それゆえ小学校高学年ともなれば、遊びやおしゃべりを共有できない子ども、いつも自分の世界にこもっていると見なされた子どもは、友人関係から孤立しがちとなる。コミュニケーションスキルが乏しく、友人関係に気後れや恐れを抱く子どもは集団での居場所を失う。交流の減少はコミュニケーションスキルの学習機会をますます減らしてしまう。その結果、対人関係の不安を強めるという負のスパイラルが生じる。思うように振る舞えない体験が重なるなかで、子どもは徐々に無気力になっていく。

渡辺・山本（2003）は、対人関係に不安を抱える子どもが「葛藤はあるが適切な働きかけや応答を返すコミュニケーションスキル」[*2]を学習することにより不安を改善しうることを報告している。安心できる場で子どもが適切な自己主張の力を学び、対人関係の不安を少しずつ乗り越える経験を作り出していくことが必要なのである。

さらには、コミュニケーションスキルの乏しさが原因で、いじめなど排斥の対象とされ不登校になることも多い。このような場合、教師は傷ついた子どもの心のケアと同時に、子ども間にある排斥を許す雰囲気をどう健全なものにしていくかを考えなければならない。

2.3 ｜ 進路形成への支援

思春期の子どもは、周囲が見えてくることもあって自分に対する劣等感にとらわれやすい。適切に援助を求める自己主張能力が不十分な場合、「どうせ助けてはもらえない」という無気力に陥りやすく、学校生活への不適応感が増大していく。一方で、子どもは勉強の遅れや進路決定に大きな不安を感じ、声には出せなくとも助けを求めている。それは不登校の経験者が進路形成のための情報を求めていたということからも明らかである（表8-2）。

[*2] 代表的なものとしてアサーションスキルがある。コミュニケーションを攻撃的、非主張的、アサーティブに大別する。自分と相手の双方を大事にして適切に自己主張するためのスキルをアサーションスキルという。

まず教師は、どの子どもにもわかりやすい授業づくりに取り組みたい。そして無理のない学習計画の立て方や学習習慣づくりを子どもとともに考えていく（五十嵐、2011）。基本的な学習スキルを高め、子どもが自分で計画し、成功による達成感と小さな失敗を乗り越え、次はどうすればよいかを自律的に考えられるように励ましていく。将来に関わる情報にふれる機会も保障したい。その時々の子どもの状態像を見ながら進路について考えるきっかけをつくり、さまざまな人々の生き方や具体的なキャリア情報を提供し、あるいはともに探す支援を続けることが求められる。

3 ｜ 発達障害と不登校

3.1 ｜ 発達障害が関係する不登校

　不登校問題の背後に発達障害の問題が隠れていることがある。その場合、発達障害への対応が不可欠であることを押さえておきたい。調査研究によってばらつきが大きいが、宮本（2010）は、医療機関を受診した不登校の子どものうち発達障害のある子どもは約20〜30％台とする報告が多いとしている。そのうちの過半数に ASD（自閉症スペクトラム障害）が認められ、また、学習障害に気づかず学業面での苦痛が不登校につながることも少なくない。発達障害があることは不登校のリスクを高めやすいといえる。

　感覚の過敏さがあり状況の認知が不得手な ASD の子どもにとっては、流動的な人間関係やさまざまなことを行う教室環境は不安に満ちたものとなりやすい。学習障害に気づかず、授業についていけないことで苦痛を感じる子どもは学習意欲をなくしてしまう。低年齢であればあるほど、感じていることを子どもが自分で言語化することが難しく、周囲もその困難に気づけない。子どもが直面する困難を周囲が「本人の問題」と捉えてしまい、子どもの困り感を読み解けずにいることが、学校への不適応につながる。このため、発達障害のある子どもの不登校は小学校段階で始まることが多いといわれる。

　次の事例に見られるように、早期の気づきと学校環境の調整が求められる。

事例8-1　小学3年生のＡさんは自分のなかでの決め事が多い。教室には後ろの
ドアからしか入ってはいけない、消しゴムはキャラクターのついたものではいけ
ないなど、過去に一度注意を受けたことなどがきっかけとなり、強固なルールに
とらわれている。学校予定の急な変更があるとパニックになってしまう。こうし
た不安と息苦しさのなかで、学校に行くことができなくなっていった。

　休みがちなＡさんであったが、スクールカウンセラーと話をするなかで「大勢
のなかに入っていくのが怖い」と徐々に不安を伝えられるようになった。まずは
スクールカウンセラーと教師が連携して、Ａさんが感じている困難に寄り添い理解
することから始めた。本人にとっての困難を和らげるための工夫を話し合いながら、
学校環境で可能な工夫を探っていった。

　集団に後から入る恐怖感に対しては、保護者を含めて相談し、朝早く登校して
早めに着席するよう試みていった。学習予定をわかりやすく図示し、急な予定変
更は極力避けることを取り決め、学校全体でＡさんの支援の歩調を合わせる努力
をしていった。

　人によって対応が異なれば、不安を抱えた子どもを混乱させてしまう。支援を
実のあるものにするために職員間の共通理解は不可欠である。こうした学校側の
努力とともに、Ａさんは教室にいられる時間が少しずつ長くなっていったのである。

3.2　対人関係のなかでの2次障害

　発達障害のある子どもの多くは親とのアタッチメントの形成に時間がかかる。
子どもの特性がわかりにくいがゆえに、親が子どものサインをうまく拾えず疲
れてしまう、子どもに愛情を感じにくくなるなどの不安定な親子関係となり、
アタッチメント上の問題を生じてしまうこともある。また、親子関係で健全な
アタッチメントを形成している場合も、学校のなかで安心して過ごせる場や関
係性を得ることは家庭より難しくなる。

　特にASDのある子どもは他者視点の理解の困難を抱えやすいため、悪意が
なく、わざとではないにもかかわらず周囲から反感やひんしゅくを買いやすい。
対人関係のなかで子どもの自尊感情が傷つき、投げやりになるような2次障害
の状況に陥りやすい。こうした不適応状況の経過のなかで不登校が生じる。

第8章　不登校　　109

学校のなかに信頼できる他者の存在があること、自分のことをわかってくれる人がいると思えることで、学校が子どもにとって「安心していられる場」になっていかねばならない。子どもにとっては、安心できる他者（教師やスクールカウンセラー）とともに自らの状況を整理して捉え直し、目的を明確にしたうえで、実行していくための具体的なスキルを学んでいくことが、対人関係の混乱を乗り越える助けとなる。そして、学校として周囲の子どもたちの理解や受け入れる姿勢を育てることが、発達障害のある子どもが再び教室になじんでいくうえで不可欠となる。

また、三浦（2011）は、枠組みなくずるずると休み続けるような状況は ASD のある子どもにとって望ましくないとしている。あいまいで不明瞭な状況はむしろ子どもの不安を助長する。何となく休むのではなく、休む期間を自己決定させる（例：1か月休む）ことで、次の行動について考えるタイミングを意識できるとしている。別室登校や教育支援センターにおいても、スケジュールなどを自己決定させていく姿勢が重要である。

4 保護者支援と連携ネットワーク

4.1 保護者への支援

子どもが登校できなくなると、たいていの保護者は大きく動揺する。保護者の動揺が夫婦関係を不安定にしたり、保護者が自分自身を責めたり、子どもへいらだちをぶつけたりといった状況に陥りやすい。保護者自身の混乱は、子どもをいっそう混乱させることにつながる。

保護者が不登校の現実を受け止め、子どもを急かすのではなく寄り添おうと腹をくくるなかで子どもが落ち着き始めることは多い。教師やスクールカウンセラーは、保護者が子どもへの理解を深められるように寄り添い、ともに考え、支えていきたい。それが子どもにとっての大きな間接支援となる。

一方、昨今の複雑な家庭状況のなかでは、家族が外部からの関わりを拒否する場合も生じる。貧困や家庭養育力の低下が絡み、社会福祉的な支援が何より

必要な状況であるにもかかわらず、これまでの経験から、保護者が行政や専門機関に対して不信感をもっている場合である。行政機関が自分たちを助けてくれることを保護者が知らず、それを知ったときに驚くということすらある。社会福祉的支援においては、集団場面での子どもの育ちを伝えつつ、保護者の頑なな気持ちを解きほぐしながら支援につなげていかねばならない。

4.2 | 連携ネットワークによる支援

　これまで見てきた不登校への支援は、実は、不登校が起きる前からすべての子どもにとって必要な支援でもある。学校が子どもにとって安心できる場となっていくこと、子ども自身がコミュニケーションスキルや学習・進路への手助けを得て自律的に動く力・学ぶ力をつけることは、すべての子どもにとっての支援に通ずる。

　しかし現在のように多様化する不登校の状態にきめ細かく支援をしていくためには、多様な支援と学習の場を提供することが求められる。そのため学校は家庭との連携はもちろんのこと、地域のさまざまな支援機関、専門機関と連携・協力して、少しずつ子どもの生活空間を広げて支援にあたることが重要となっている。文部科学省（2014）によれば、中学 3 年時の支援者や利用した施設は、学校にいる相談員（スクールカウンセラーなど）34.0%、学校の先生 29.5%、病院・診療所 24.1%、教育支援センター 19.7%、民間施設（フリースクールなど）8.8%、利用なし 22.5% である。ひきこもり状態にある子どもに対しては、学生ボランティアによる訪問型支援も試みられている（伊藤、2009）。

　学校が外部機関との連携を適切に図っていくためには、子どもの状況を正しく理解しどのような支援が必要かを見定めねばならない。教師、スクールカウンセラーはアセスメントにあたっての中心的な役割を果たす。そのうえで、日頃から学校と外部機関が「顔の見える関係」をつくっておくことが有効な連携の下地となる。連携に際しては、子どもと保護者の心情を大切にして適切なネットワークを築くことが求められる。

考えてみよう

相談室に毎日別室登校してくる中学1年生のBさんがいる。この相談室には心理学専攻の大学院生数名が学生ボランティアとして支援に入り、生徒に寄り添いつつゲームをしたり、おしゃべりをしたり、勉強を見たりしている。担任教師もしばしば相談室を訪れ、Bさんの様子を見守っている。ただ、担任は学生ボランティアに対して「あまり相談室が居心地よすぎても、教室に戻れなくなるようで心配だ」という感想をもらしている。あなたが相談室を統括する立場にあるとして、このような状況をどのように考えるだろうか。また、担任の立場からも考えてみよう。

●引用・参考文献

五十嵐哲也（2011）中学進学に伴う不登校傾向の変化と学校生活スキルとの関連、教育心理学研究、59（1）、64-76

伊藤美奈子（2009）不登校：その心もようと支援の実際、金子書房

三浦光哉（2011）特別支援教育のノウハウを生かした不登校対応、齊藤万比古（編著）発達障害が引き起こす不登校へのケアとサポート、学研教育出版、98-110

宮本信也（2010）発達障害と不登校、東條吉邦・大六一志・丹野義彦（編）発達障害の臨床心理学、東京大学出版会、243-254

文部科学省（2014）不登校に関する実態調査：平成18年度不登校生徒に関する追跡調査報告書（概要版）
http://www.mext.go.jp/a_menu/shotou/seitoshidou/1349949.htm（2017.6.24）

文部科学省（2017）児童生徒の問題行動等生徒指導上の諸問題に関する調査 平成27年度2月確定値（2月28日公表）、4-4〈参考3〉学年別不登校児童生徒数のグラフ、4-7 不登校の要因
http://www.e-stat.go.jp/SG1/estat/List.do?bid=000001085141&cycode=0（2017.6.24）

佐藤淑子（2009）日本の子どもと自尊心：自己主張をどう育むか、中央公論新社

都筑学（2008）小学校から中学校への学校移行と時間的展望：縦断的調査にもとづく検討、ナカニシヤ出版

魚住絹代（著）岡田尊司（監修）（2013）子どもの問題 いかに解決するか、PHP新書

渡辺弥生・山本弘一（2003）中学生における社会的スキルおよび自尊心に及ぼすソ
ーシャルスキルトレーニングの効果：中学校および適応指導教室での実践、カウ
ンセリング研究、36（3）、195-205

第9章 子どもの貧困

　昨今、「子どもの貧困」が喫緊の課題としてメディアにもしばしば取り上げられる。「子どもの貧困」とはどういう状態を指し、発達にどのような影響があるのだろうか。心理職や保育・教育に携わる者として、どのような支援を行えばよいのだろうか。問題を理解し、支援の方法を考える。

1　子どもの貧困とは何か

　人が貧困状態にある、と聞けば、一般的には「食べ物に困り、家は狭くて非衛生的で、お風呂にもほとんど入れない」というような、「収入が極度に少ないゆえの苦しい生活」という状態を思い浮かべるだろう。しかし、貧困の定義はそう簡単ではない。本節では、主に開発途上国における「絶対的貧困」と、先進国にある「相対的貧困」の2つの捉え方に即して記述する。

1.1　絶対的貧困

1.1.1　世界における絶対的貧困

　「絶対的貧困」とは、生存の維持に最低限必要な衣食住が満たされているかどうか、という観点からの定義である。経済的指標を用いた、最も一般的な絶対的貧困の基準としては、世界銀行による「国際貧困線」がある。その基準は、2008年には「1日1.25米ドル未満の所得」とされていたが、2015年には「1日1.9米ドル未満」とする方針が発表された。世界銀行の統計によれば、今日、世界の人口の約1割の人々が、1日1.9米ドル未満で暮らす絶対的貧困にあるという。その多くはサハラ以南のアフリカ、南アジア、東アジアなどの地域で認められる。

　一方、国連開発計画は、社会の豊かさや進歩を測るには、経済的指標だけではなく、数字として現れない側面も考慮に入れなければならない、とした。そ

114　第Ⅲ部　社会のひずみと子どもが抱える困難

して、途上国の開発の目標は、価値ある人生を全うすることを可能とする選択肢や自由度の拡大であり、経済成長はその手段のひとつ、という「人間開発」という考え方を示した。

OECD（経済協力開発機構）の開発援助委員会（DAC）による「DAC 貧困削減ガイドライン」では、貧困とは、「異なる社会や地域の枠組みのなかで、人間にとって最も重要な、経済的能力、人間的能力、政治的能力、社会・文化的能力、保護能力の 5 つの能力が欠如している状態である」とされる（表9-1）。この 5 つの能力は相互に関連するが、そのすべてに影響を及ぼすのが、ジェンダーと環境の要因である。ジェンダーの要因とは、女性であることによる不平等である。環境の要因とは、農村における土壌悪化、森林伐採、水質汚染や、都市部の過密で非衛生的なスラムにおける災害の脆弱性などを指す。

1.1.2 絶対的貧困への国際的な対策と成果

開発途上国の貧困状態に対し、世界社会開発サミット（1995 年）などの国際会議において、「世界の絶対的貧困を 2015 年までに半減すること」が目標として設定された。2000 年には、21 世紀の国際社会の目標として「国連ミレニアム宣言」が採択され、8 項目の開発目標（Millennium Developmental Goals：MDGs[1]）が設定され、国際的な支援が行われてきた。

その主な成果を紹介すると、開発途上国で 1 日 1 ドル 25 セント未満という

表9-1　絶対的貧困とは何か：奪い取られている 5 つの能力

能力	内容
経済的能力	所得を得ること、消費すること、資産をもつことができる能力。
人間的能力	保健、栄養、教育、安全な水や住居の確保など、人間にとって最も基本的な条件を満たすことができる能力。
政治的能力	人権や政治的な自由が保障されている状態のこと。
社会・文化的能力	地域社会に価値あるメンバーとして参加する能力。
保護能力	経済的、外的ショックに抵抗する能力。自然災害や凶作・不作、経済危機や暴動・紛争などによる悪影響に抵抗する力。

出典：JICA（国際協力事業団）（2003）を基に作成

* 1　MDGs 後は 2016 年から 2030 年までの「持続可能な開発目標（Sustainable Developmental Goals：SDGs）」が設定されている。

極度の貧困に暮らす人々の世界人口に占める割合は、1990年の47%から14%にまで減った。ただし、今なお約8億人（世界人口の9人に1人）もの人が栄養不良状態にある。初等教育の就学率は2000年の83%から、91%に改善された。5歳未満の幼児死亡率は、出生数1,000人あたり90人であった状況から43人へと減少した。しかし、いまだに毎日約16,000人の子どもたちが、5歳の誕生日を迎える前に命を落としており、5歳以下の子どもの4人に1人が発育阻害[*2]の状態にある。そして紛争の影響を受けている国々は、一般的に最も高い貧困率を有している（国際連合、2015a、2015b）。

　このように、減少傾向にあるとはいえ、絶対的貧困のもとに生まれてくる子どもたちは、児童の権利に関する条約（子どもの権利条約）でうたう4つの権利のほぼすべてがはぎとられている状態にある。4つの権利とは、病気やケガなどから命を守られ、人間らしく生きていくための生活水準が保障される「生きる権利」、教育を受け、休んだり遊んだりしながら自分らしく成長できる「育つ権利」、あらゆる種類の虐待や搾取、戦争などから守られ、保護される「守られる権利」、自由に意見を表明し、自由に活動に参加できる「参加の権利」である。

1.2 ｜ 相対的貧困

1.2.1　日本における相対的貧困

　相対的貧困とは、ある国や地域社会の平均的な生活水準と比較して所得が著しく低く、標準的な生活様式や活動に参加できない状態をいう。

　相対的貧困率（以下、貧困率と記す）には、いろいろな計算方法がある。日本の場合、OECDの作成基準に倣い、貯蓄などの資産を考慮せず、等価可処分所得（世帯の可処分所得〔収入から税金・社会保険料などを除いた、いわゆる手取り収入〕を世帯人員の平方根で割って調整した所得）の中央値の半分に満たない者の割合で示される。中央値の半分の値を貧困線と呼ぶ。このように、貧困か

＊2　発育阻害は慢性的な栄養不良の症状で、年齢相応の身長に達しているかどうかということから判断される。

116　　第Ⅲ部　社会のひずみと子どもが抱える困難

どうかの判定は、ひとつの世帯の構成員はすべて同じ状況にあると仮定して、世帯単位で行われる。

　子どもの貧困とは、その国の貧困線未満の所得で暮らす相対的貧困の、17歳以下の子どもの存在、および、その生活状況をいう。子どもの貧困率とは、17歳以下の子ども全体に占める、等価可処分所得が貧困線に満たない子ども（貧困の世帯に属する子ども）の割合であり、子どものみで算出される。

　わが国においては、2008年頃から子どもの貧困が社会問題として取り上げられるようになった。厚生労働省（2017）によれば、2012年の日本の社会全体の貧困率は16.1％で、うち、子どもの貧困率は16.3％であった（図9-1）。

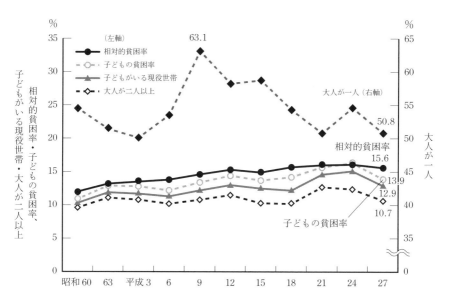

（注1）平成6年の数値は、兵庫県を除いたものである。
（注2）平成27年の数値は、熊本県を除いたものである。
（注3）貧困率は、OECDの作成基準に基づいて算出している。
（注4）大人とは18歳以上の者、子どもとは17歳以下の者をいい、現役世帯とは世帯主が18歳以上65歳未満の世帯をいう。
（注5）等価可処分所得金額不詳の世帯員は除く。

図9-1　日本の相対的貧困率の推移
出典：厚生労働省（2017）

第9章　子どもの貧困　　117

2012 年の等価可処分所得の中央値は全世帯で 244 万円、貧困線は 122 万円
となるなか、子どもの貧困率が初めて社会全体の貧困率を上回る事態となった。
2015 年の貧困線は同じく 122 万円だが、貧困率は 15.6％で、子どもの貧困率
も 13.9％と減少している。しかし、17 歳以下の子どもの 7 人に 1 人が、平均
の半分にも満たない所得の家庭で生活していることになる。日本の貧困率の高
さは先進諸国のなかでもゆゆしいレベルにあり、OECD 加盟国 34 か国中 10
番目に高く、加盟国の平均を上回る（内閣府、2014）。
　阿部（2014a）は、日本の子どもの貧困問題の捉え方について、2012 年の調
査結果から次の指摘をしている。まず、リーマン・ショック後の経済格差の広
がりに伴う新しい社会問題のように捉えられがちだが、そうではない。1985
年という、バブル経済に突入しようとする時期に、すでに 10.9％もの子ども
が貧困であった。そして貧困率の上昇は最近のことではなく、1985 年からす
でに 30 年以上も続いている。さらに、子どもの貧困率の上昇ペースが全体の
貧困率の上昇ペースよりも速く、結果として、現在、最も貧困リスクが高い時
期は、高齢期ではなく子ども期である、という現象が起こっている。
　また、貧困率は世帯の家族構成によっても異なる。図 9-1 に示されるように、
「子どもがいる現役世帯」の貧困率は平均すると 12.9％だが、大人が 2 人以上
いる世帯では 10.7％に減り、大人が 1 人の世帯（おおむね、ひとり親家庭）の
場合は 50.8％にも跳ね上がる。日本のひとり親家庭の貧困率は、OECD31 か
国のうち最も高い（内閣府、2014）。日本のひとり親家庭は大部分（約 85％）が
母子世帯で、母子世帯の貧困率の高さが子どもの貧困の課題のひとつといえる。
親の年齢別に見ると、20 代前半の場合に高く、特に 20 代前半の父親をもつ子
どもの貧困率が 37％にものぼる（阿部、2014b）。すなわち、保護者が若く、子
どもの年齢も低い世帯に貧困が広がっている。

1.2.2　日本における「貧困の深さ」

　貧困のなかにあっても、その程度はさまざまである。貧困線よりさらに低い
所得水準にある子どもたちがどの程度いるかは、「相対的所得ギャップ」で示
される。相対的所得ギャップとは、所得階層の下から 10％目の最貧困層が、
中央値の所得に比べて、どれほどかけ離れているかを示す指標である。ユニセ

118　　第Ⅲ部　社会のひずみと子どもが抱える困難

フ（2016）によれば、2013年のデータでは、日本の相対的所得ギャップは先進国の中で8番目に大きく（ひどく）、下から10%の貧困層にある家庭の子どもの所得は、中央値にある家庭の子どもの所得の4割にも満たない。しかも、相対的所得ギャップは1985年から上昇し続けている。日本は貧困率も高く、かつ貧困の程度も深いのである。

このような、子どもの貧困の拡大・深刻化の背景には、子育て世代の非正規雇用率の高さや、雇用における男女間の格差がある。また、子どものいる世帯にとっては税金や社会保障費の負担が重く、かつ児童手当のような社会保障給付（所得再分配）が薄いため、貧困率の低下につながらない。さらに、保育や子育て支援サービスに対する公的資金の支出の割合も、先進諸国の半分程度である。教育では、公的資金支出額は対 GDP 比で見ると OECD 平均を下回る。特に高等教育段階と幼児教育段階における私費負担率は OECD 加盟国中最も高い（OECD、2016）。つまり、日本は子育てや教育を家族に依存する社会であり、家庭の経済状況がダイレクトに子育てや教育、子どもの発達に影響しやすい構造になっていることも大きい。

2 貧困が子どもの成長・発達に及ぼす影響

2.1 発達に及ぼすさまざまな影響

以下に述べるように、貧困は子どもの成長・発達に大きな影響を与える。

健康面について言うと、病気やけがをしても病院に行けない（医療ネグレクト）。特に虫歯などの口腔疾患は、食生活の質の低下や初期の疾患の放置により蔓延しやすく、家庭環境のバロメーターのひとつである（渡部、2016）。小児科の外来受診をした小中学生の世帯を対象に調査した結果では、貧困家庭の子どもは、肥満で、インフルエンザワクチン接種率が低く、保護者の特徴としては母親の喫煙率が高い（佐藤ら、2016）。

食生活に関しては、朝食の欠食が多く、野菜を食べる頻度が少ない。また、魚・肉の加工品やインスタント麺を食べる機会が多い。栄養面では炭水化物が多く、

たんぱく質やビタミン・ミネラルが少ないなどの特徴がある。その背景には経済的な問題と、食生活に関する保護者の知識不足がある（村山、2016）。

　また、年収400万円未満の層では、公園や子育て支援施設、小児科の病院などの子育て環境が十分に整わない状況で暮らすことが多くなるため、母親の心理的な安定度も低い（菅原、2012）など、環境に制約がかかる。そして子どもは、生まれたときから、社会・文化的な体験量の格差というリスクを背負う。大澤（2008）によれば、生活困難層では「絵本の読み聞かせ、おもちゃ、動物園や遊園地に行くなどの余暇活動、お誕生日のプレゼント」などの経験が乏しい。子どもの経験を得る機会が市場化された現代においては、家庭の経済力によって子どもの体験の量・質が左右され、小学校に入学する段階ですでに発達格差が生じる。

　小学校に入学すると、義務教育を担う学校は、家庭の格差をある程度は正してくれる。しかし、放課後はいわば「民営化」される時間である。放課後に豊かな体験を与えられるかどうかは、家庭の経済力と地域の教育力に直接かかっている。その結果、学力・体力・栄養状況のみならず、体験量の格差が生まれている（明石、2009）。テレビ・ビデオの視聴やゲーム機で長時間遊ぶといった「放課後の貧困」状況は、低所得世帯でより顕著になる傾向がある（久冨、2009）。さらに、経済格差は、おやつ代などがかかるため学童保育にすら入れない子どもを生む（子どもの貧困白書編集委員会、2009）。

　そして、そのような子ども時代の経験の乏しさは、大澤（2008）によれば、自立に向けたその後の青少年期の過ごし方や、将来展望、進路選択などに影響をもたらす。さらに、生活安定層の子どもたちは、両親以外に複数の大人と社会的な関係を築きながら将来への展望を形成するが、困難層では親以外の存在が乏しいという。つまり、子どもにとって低所得・不安定就労の親のみがロールモデルとなりやすく、貧困の世代間連鎖を生む要因のひとつとなる。

　また、親の経済格差が子どもの学力格差を生む。例えば、大都市近郊の中都市における小学6年生の算数学力に関する調査によれば、①学校外教育支出（学習塾や稽古事などにかかる子ども1人当たりの支出月額）、②保護者学歴期待、③世帯所得、④母親の学歴の順に算数学力への影響が大きい（耳塚、2007）。

　また、貧困は、子どもの主観的幸福感を低め、抑うつ傾向を高め、いじめの

被害にも遭いやすくする（東京都、2017）。そして子どもの自尊感情を奪い取る。自尊感情とは、自分が価値ある存在だと信じられる、自己に対する肯定的感情であり、8歳前後から本格的に育つ。学業、運動、遊びなどの技能や、目標に向かってがんばる姿などに対し、大人だけではなく仲間から「すごいね！」と認められる経験によって作り上げられていく。自尊感情は成長へと向かう自己のエネルギー源であり、自己コントロールの源でもある。生後10年にも満たない子どもに、「どうせ自分なんか」という思いをもたせてはならない。

　また、貧困家庭は社会的つながりから孤立しやすく、貧困のために子どもの養育に手が回らないまま不登校などの教育ネグレクトに陥ったり、児童虐待を引き起こすひとつのリスク要因になったりしやすい（奥田ら、2016）。

2.2 ｜ 発達初期の大きな影響

　貧困は、発達初期であればあるほど、後の発達に幅広く深い影響を及ぼす。菅原（2016）は、アメリカのさまざまな調査研究から、0歳から9歳までの幼少期に慢性的に貧困であった子どもたちは、認知発達が不良で問題行動を起こしやすいとしている。また、特に妊娠期から5年間の貧困・低所得体験は、成人期の低収入や犯罪歴、未婚の出産、肥満や高血圧のような健康上の問題などにつながり、長期的に悪影響を及ぼす、とも述べている。同時に、0歳から3歳時に貧困であっても、幼児期後半以降に回復すれば、影響がより小さくなる、という。このように、胎児期から就学前までの継続的な貧困経験は、臨界期・敏感期的な性質をもつため、発達初期の支援が特に重要であるといえる。

3 ｜ 子どもの貧困への支援

3.1 ｜ 貧困が子どもの発達に影響を及ぼす2つの経路

　子どもの貧困への支援を考えるにあたっては、貧困という状態がどのような経路を通って子どもの発達に影響するかを理解することが重要である。

菅原（2016）によれば、その経路には、教育財の購入ができないことや質の低い環境にあるという「家族投資プロセス」と、親の心理的ストレスや養育態度の温かさが低下する「家族ストレスプロセス」との2つがあるという。これに照らせば、子育て環境の経済的・物理的な改善だけでなく、親の心理的ストレスや養育態度への支援も必須といえる。

3.2 ｜ 貧困への支援

子どもの貧困対策として、わが国では2013年に「子どもの貧困対策の推進に関する法律」が成立した。この法律は、子どもや親に対し「教育の支援」「生活の支援」「就労の支援」「経済的支援」の施策を推進するとしている。法律に基づき、2014年に打ち出された「子供の貧困対策に関する大綱」では、具体的な施策を打ち出している。なかでも、「教育の支援」では、「学校をプラットフォームとした貧困対策の推進」として、きめ細かな学習指導による学力保障、スクールソーシャルワーカーの配置の充実、学習支援、教育費負担の軽減（幼児教育の無償化に向けた段階的取組など）を重点施策としている。

子どもが貧困のなかにあって、家庭で適切な養育を受けていない場合、子どもに関わる大人として早期に気づくことがまず重要である。そして、保健センター、園、学校、子ども家庭支援センター、医療機関、行政の福祉部局、スクールソーシャルワーカー、地域の民生児童委員などが連携し、できる範囲で家庭環境を立て直していき、孤立しがちな家族をネットワークに入れ、親のストレスを少しでも緩和するような支援を行う。

子どもに対しては、保育所・幼稚園などでは、家庭の状況はどうであれ、園で子どもの健やかな成長発達を促すことが第1の支援となる。基本的な生活習慣の力を園で丁寧に育てる。どんな年齢であっても、1対1での大人との安定した関わり、子どもの思いに敏感で応答性の高い関わりを心がけ、子どもにとっての安全基地たる存在、アタッチメントを形成できる養育者となることが重要である。そして社会的な体験量の不足を補う遊びや活動を多く取り入れたい。特に幼児期後期から就学前の幼児に対しては、書き言葉への準備性や、年齢相応の数の理解などの認知面の発達に配慮し、必要に応じて補償的な関わりを行

う。親に対しても、多様な立場の職員が関わりながら保護者同士のつながりをつくり、たくさんの人が手を差し伸べてくれていると感じられる温かい環境のなかで、生活の力や子育ての力の向上を支えたい。

　学校においては、学力保障の他、学級のなかで認められる活動や役割をつくったり、得意な側面を伸ばしたりすることなどによって、子どもの自尊感情や自己肯定感を育てる取り組みが望まれる。また、学童保育と児童館は、「放課後の貧困」を縮小する貴重な場である。多くの遊びや活動、さまざまな年齢層の子どもたちや職員、地域の人々との関わりを通して、多様な経験や対人関係を広げ、社会性の発達や生活力の向上を促す取り組みが求められる。特に学童保育は、生活を通して子どもの貧困を早期に発見しやすい。子どもの健全育成のみならず、家庭を地域のネットワークにつなぎ、親に対する相談や心理的な支援を行っていくことが求められる。中高生まで利用可能な児童館は長く安全基地となり、放課後の経験と社会的なつながりを補う居場所となることがいっそう期待される。

考えてみよう

　「子ども食堂」が全国的に広がっている。そこではどのようなことが行われ、どのような役割を果たしているのだろうか。あなたの身近な地域にある「子ども食堂」を調べてみよう。

●引用・参考文献
阿部彩（2014a）子どもの貧困 II：解決策を考える、岩波書店
阿部彩（2014b）子どもの貧困 1　日本における子どもの貧困率の動向、相対的貧困の動向：2006、2009、2012 年、貧困統計ホームページ
　https://www.hinkonstat.net/（2016.12.29）
明石要一（2009）地域が提供しなくなった仲間遊びと体験・教育の機会：体験格差を是正する施策を考えよう、児童心理、63（3）、35-40
久冨善之（2009）「子どもの貧困」と放課後、学童保育研究、10、44-50
JICA（国際協力事業団）（2003）DAC 貧困削減ガイドライン要約
　https://www.jica.go.jp/activities/issues/poverty/pdf/index_01.pdf（2016.12.23）
子どもの貧困白書編集委員会（編）（2009）子どもの貧困白書、明石書店

国際連合（2015a）国連ミレニアム開発目標報告 2015：MDGs 達成に対する最終評価
　　http://www.unic.or.jp/files/e530aa2b8e54dca3f48fd84004cf8297.pdf（2016.12.28）
国際連合（2015b）ミレニアム開発目標報告 2015
　　http://ja.wfp.org/news/news-release/150710（2016.12.28）
厚生労働省（2017）平成 28 年 国民生活基礎調査の概況
　　http://www.mhlw.go.jp/toukei/saikin/hw/k-tyosa/k-tyosa16/dl/03.pdf（2017.6.30）
耳塚寛明（2007）小学校学力格差に挑む：だれが学力を獲得するのか、教育社会学
　　研究、80、23-39
村山伸子（2016）子どもの貧困と食生活・栄養、公衆衛生、80（7）、470-474
内閣府（2014）平成 26 年版 子ども・若者白書（全体版）
　　http://www8.cao.go.jp/youth/whitepaper/h26honpen/b1_03_03.html（2016.12.29）
OECD（2016）図表でみる教育（Education at a Glance）OECD インディケータ
　　http://www.oecd.org/education/skills-beyond-school/EAG2016-Japan.pdf
　　（2017.1.2）
奥田晃久・川松亮・桜山豊夫（2016）子どもの貧困と児童虐待、公衆衛生、80（7）、
　　491-495
大澤真平（2008）子どもの経験の不平等、教育福祉研究、14、1-13
佐藤洋一ほか（2016）貧困世帯で暮らす小中学生の健康状態と家庭の特徴：外来診
　　療での多施設共同調査より、日本小児科学会雑誌、120（11）、1664-1670
菅原ますみ（2012）子ども期の QOL と貧困・格差問題に関する発達研究の動向、菅
　　原ますみ（編）お茶の水女子大学グローバル COE プログラム 格差センシティブな
　　人間発達科学の創成 1　子ども期の養育環境と QOL、金子書房、1-23
菅原ますみ（2016）子どもの発達と貧困、秋田喜代美・小西祐馬・菅原ますみ（編著）
　　貧困と保育：社会と福祉につなぎ、希望をつむぐ、かもがわ出版、195-220
東京都（2017）「子供の生活実態調査」結果の概要〈中間のまとめ〉について
　　http://www.fukushihoken.metro.tokyo.jp/joho/soshiki/syoushi/syoushi/oshirase/
　　kodomochousa_gaiyou.files/290223gaiyou1.pdf（2017.3.3）
ユニセフ・イノチェンティ研究所（2016）イノチェンティレポートカード 13　子ど
　　もたちのための公平性：先進諸国における子どもたちの幸福度の格差に関する順
　　位表
　　https://www.unicef.or.jp/library/pdf/labo_rc13j.pdf（2016.12.23）
渡部茂（2016）子どもの貧困と口腔疾患、公衆衛生、80（7）481-485

第10章 | 児童虐待

　児童虐待とは、養育者から安心や安全や必要な世話を与えられるという子どもの権利を踏みにじることである。養育者はなぜ虐待をしてしまうのか、虐待によって子どもはどのようなダメージを受けるのか、また虐待の予防やダメージからの回復のための支援はどのようなものかについて考える。

1 | 児童虐待の現状

1.1 | 児童虐待防止の歩み

　開発途上国や紛争地域などにおいて、子どもはしばしば暴力や労働、人身取引などのかたちで虐待の対象となってきた。それに対して、1989年に国連で児童の権利に関する条約（子どもの権利条約）が採択された。この条約では、子どもは守られ配慮されるべき存在であることを認め、あらゆる国が子どもの生きる権利、育つ権利、守られる権利、参加する権利を保障すべきであるとしている。

　日本では、1990年頃より児童虐待が注目され始めた。その後虐待件数の急速な増加を受けて、2000年に児童虐待の防止等に関する法律（以下、児童虐待防止法）が制定され、児童虐待防止は本格的に取り組まれるようになった。児童虐待防止法はたびたび改正され、虐待の予防や対応に向けて市区町村の機関間の連携が強まってきているが、増加する虐待件数に追いついていないのが実状である。

1.2 | 児童虐待の定義と現状

1.2.1 児童虐待の定義と種類

　児童虐待（以下、虐待）は、保護者がその監護する子どもに対して行う行為であり、一般的に、身体的虐待、ネグレクト、性的虐待、心理的虐待の4種類

があるとされる。身体的虐待とは、殴る蹴る、激しく揺さぶる、火傷を負わせる、一室に拘束するなど、身体に直接危害を加える行為をいう。ネグレクトは、食事を与えない、ひどく不潔にする、重い病気やケガに際して病院につれていかないなど、養育者として子どもの心身の世話をしない状態をいう。性的虐待とは、子どもに性的行為を行う、性的行為を見せる、ポルノグラフィの被写体にするなど、子どもを性的関心の対象にすることである。心理的虐待とは、言葉によって脅す、無視する、きょうだい間で差別的に扱う、目の前で家族に対して暴力をふるうことなどによって、子どもを心理的に傷つける行為をいう。

1.2.2 虐待の件数

児童相談所が対応した虐待件数は、2016年度に12万件を超えた（厚生労働省、2017）。2000年に児童虐待防止法が制定されたのとほぼ時期を同じくして虐待件数が増加し始め、現在は当時の7倍以上になっている。

このような急激な増加は、児童虐待防止法において、医師や保育士など子どもに直接関わる職種の通告義務が法令化されたこと、虐待に対する社会的関心や問題意識が高まったこと、通報専用の電話番号189の創設、警察との連携の強化などにより、児童相談所に通告される虐待件数が増大したことが理由として考えられる。ただし、虐待の発見率、通告率が高くなっただけなのか、虐待

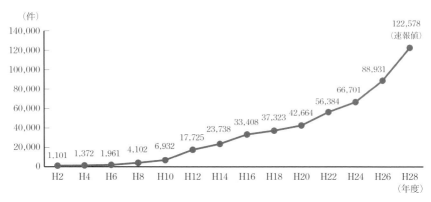

図10-1　児童相談所での児童虐待対応件数推移
出典：厚生労働省（2017）

の発生そのものが増大しているのかは、はっきりしていない。

1.2.3　虐待の内訳

　種類別の虐待の内訳を見ると、2016 年度は心理的虐待が 51.5％と最も多く、次いで身体的虐待が 26.0％、ネグレクトが 21.1％、性的虐待が 1.3％となっている。近年、心理的虐待が占める割合が急速に増加しているが、これは、子どもが他の家族が暴力を受けるのを目撃する面前 DV を心理的虐待に含めるなど、心理的虐待の定義が拡大されてきたことによる（厚生労働省、2017）。

　虐待者の内訳は、実母が最も多い。2015 年度は 50.8％、次いで実父が 36.3％、実父以外の父が 6.0％であった（厚生労働省、2016）。

2 ｜ 児童虐待の要因

　虐待を引き起こすリスク要因は、養育者側の要因、環境の要因、子ども自身の要因に大別される。事例 10-1 は母によるネグレクトの例といえるが、種々の要因が複合的に絡み合い、養育上のストレスが重複するなかで発生している。

事例 10-1　学童保育に通う小学 1 年生の A くんは、衝動的で友だちへの乱暴や暴言によるトラブルが多く、家の鍵や持ち物を頻繁に失くすなど、ADHD 傾向のある子どもである。母親と 2 人暮らしだが、母親は仕事で気持ちに余裕がなく、A くんが引き起こすトラブルに対してしばしば体罰を含む激しい叱責をした。さらに、A くんとの接触を避けるかのように夕方からの仕事に転職してしまう。A くんは母親にお金を渡され、コンビニで夕食を買ってひとりで食べるような生活になった。学童の児童支援員は A くんの話に耳を傾け、トラブルを諫めるなど信頼関係をつくる努力をし続けた。A くんも甘えて支援員の膝に座ったり、鍵を忘れて家に入れないときに支援員を頼るようになった。しかし、A くんの乱暴や暴言はなかなか減らず、やがて夜間に通りを歩き回ることなどが増えてきた。学校、学童、地域の児童委員などが母親と接触するも効果なく、現在周囲は心配しながら A くん親子を見守っている状態である。

2.1 | 養育者側の要因

2.1.1 育児不安

　育児不安の背景のひとつには、子どもをもつ以前の養護的経験の不足があげられる。養護的経験とは、配慮の必要な小さな子ども、高齢者などの世話をする経験のことである。現代の親世代はすでに核家族化、少子化のなかで育っており、養育者の多くが、わが子をもって初めて配慮の必要な他者の世話を経験する。そのため、日々突発的に起きる病気や事故、子どもからの反抗などに対して、養育者は対応に戸惑い、不安や不満を増大させやすい。

　また、現代の子育ては孤立しやすく、子育ての悩みや不安を相談できる人が身近にいない場合も多い。父親が子育てに関心を示さず、子育てに悩む母親のサポートをしない場合などは、母親の育児不安はますます大きくなる。

　さらに、現代の親世代は他者からの評価を気にしやすい。子育ては養育者が努力や自己犠牲を感じる割には、周囲からの承認や感謝を得にくいため、養育者の承認欲求が満たされずに育児のイライラや不安が生じる可能性がある。

　近年では、自治体などがさまざまな子育て支援事業を実施しており、養育者同士の仲間づくりの手助けや、育児相談などを行っている。しかし、人間関係に苦手意識をもつ養育者は、これらの社会資源を上手に活用できなかったり、アクセスすること自体をためらうことも少なくない。

2.1.2 非共感的な養育スタイル

　近年、子どもを一方的に従わせようとする養育スタイルが強まっている。1980年と2003年に実施された子育て中の親に対する調査によると、育児へのイライラ感や子どもを厳格に支配しようとする傾向が、2003年の方が強まっており、不安やイライラを感じている親ほど、子どもへの支配的な関わりや体罰を行う傾向にある（原田、2006）。支配的な養育スタイルは、絵本の読み聞かせのような日常的な親子の関わりにも反映される（齋藤ら、2013）ため、そのようなスタイルが知らず知らずのうちに過剰になることで、虐待に結びつきうる。

　一方では、近年、子どもの不適切な行動を全く注意しないなど、放任といえ

るような子育てをする親も少なくない。支配も放任も子どもの気持ちへの共感が薄い態度であり、子育てにおける共感的な関わりが難しくなっていることが、虐待の根底にあると考えられる。

2.1.3　養育者自身の被養育体験

親自身の被養育体験も、虐待に関わる養育者側の重要な要因である。共感的な養育を受けてきた親の場合、自身も子どもの訴えに耳を傾けようとし、力に訴えるしつけを受けてきた親の場合、自身の子育てにおいても力に訴えるしつけを行いがちである。

親が自分自身の親に対して感じるアタッチメントを成人アタッチメントと呼ぶが、親の成人アタッチメントと、子どもが親に対して示すアタッチメントのスタイル（第2章参照）には関連性がある（Main et al., 1985）。Dタイプのアタッチメントを示す子どもは、親に対して混乱した情動を示す。そしてDタイプの子どもの親は、自身の親に対して未解決の怒りの感情を抱くような、とらわれ型の成人アタッチメントをもつことが多い。そのような場合、わが子に対して受容的に、一貫性をもって関わることなどが難しくなりやすい。

2.1.4　養育者側の多様な要因

養育者側のその他の要因としては、望まない妊娠や低年齢での妊娠・出産、および親の精神疾患、発達障害などがあげられる。

望まない妊娠や若すぎる妊娠では、親が自身の妊娠や出産を受容することができず、生まれた子どもに適切な世話をする気持ちになれなかったり、育児よりも自分の興味関心を優先させやすい。

親が精神疾患の場合、応答的な育児や一貫性のある育児が難しい。親の症状によっては子どもの世話ができず、子どもを脅かす働きかけをしてしまう。また親が発達障害の場合も、子どもへの応答的な対応や臨機応変な対応が難しく、不適切な関わりをする可能性が高くなりやすい。

2.2 ｜環境要因

　虐待のリスクが高い環境要因としては、多様な問題をはらむ家族関係がある。例えば、親の失業や転職の繰り返しなどで経済的な不安がある家庭、夫婦の不和や暴力などで不安定な家庭、内縁者や同居人がいる家庭、未婚を含む単親家庭、地域などから孤立し手助けをしてくれる知り合いがいない家庭などである。家庭環境のストレスが大きいとき、養育者は子どもに対してゆとりをもった関わりが難しくなる。

2.3 ｜子ども側の要因

　子ども側の要因として考えられるのは、早産児や生まれつきの疾患をもつ子ども、障害のある子ども、その他何らかの育てにくさをもっている子どもである。

　早産児や生まれつきの疾患をもつ子どもの場合、出生直後から集中的な医療的ケアが必要なため、自然な関わりを通して親子が安定したアタッチメントを形成することが難しくなり、これが虐待のリスクとなる。

　近年、虐待のために社会的養護を必要とする子どものなかに、発達障害のある子どもが多く含まれることが認識されてきた（海野、2015）。このようなケースでは、子どもの障害特性が親の不適切な養育行動を誘発している可能性が考えられる。例えば、自閉症スペクトラム障害の子どもは親に強いアタッチメント行動を示さないが、その結果、親が子どもに自然な愛情を感じられなくなることがある。また、ADHD の子どもの多動に対して親が強圧的にしつけようとしがちである。ただし、子ども側に虐待のきっかけがあったとしても、虐待が正当化されるわけではない。親、子ども双方に対する総合的で多方面の支援が必要となる。

3 虐待された子どもの発達過程と予後

3.1 アタッチメントへの影響

　虐待が子どもに及ぼす最も大きな影響のひとつは、養育者に対する正常なアタッチメントを形成できないことである。

　虐待とは、養育者なしには生きていけない乳幼児にとって、本来なら守ってくれるはずの養育者が生存に関わる脅威となることである。そのような状況では、養育者に対して正常なアタッチメントを形成できないのは想像に難くない。その結果、子どもは反応性アタッチメント障害、脱抑制型対人交流障害などのアタッチメント障害を引き起こす可能性がある。

　反応性アタッチメント障害は、養育者に対してスキンシップを求めるなどのアタッチメント行動をほとんど示さなかったり、養育者がなだめようとしても反応しないなど、養育者に対する過度な緊張を示したり、アタッチメント行動を抑制するという症状である。

　脱抑制型対人交流障害とは、相手かまわず不適切に慣れ慣れしく接近したり、リミットテスティング[*1]といわれる養育者への挑発行動などを示す。養育者との間でアタッチメント関係に基づく適切な関わり方を身につけられなかった子どもが、虐待的な環境から救出されたときに示す、世話をしてくれる者との関わりの混乱であると考えられる。

3.2 情緒・行動面の発達への影響

　虐待を受けた子どもは、アタッチメントの障害だけでなく、情緒面でも深刻な影響を受ける。彼らは一般に、不安感が高く、自信や自尊心の低下、抑うつ、引きこもり、他者に対する不合理な敵意や攻撃性などを示しやすい。思春期以降は、自殺念慮、自殺企図、自傷、過食、性逸脱行動、薬物やアルコールの過

---

*1　養育者に虐待される環境で育った子どもは、それ以外の大人も自身を虐待する存在だと認知するため、何をどこまでしたら虐待されるのかを確かめようとする行為。

剰摂取などの問題行動を起こすこともある。

行動面では、学校や地域での適応に困難が生じたり、落ち着きのなさ、衝動性などが見られる。また、知能に見合った学力が身につかない、暴力による支配 - 被支配の関係を、他者との間でも行おうとするなどの特徴も見られる。

3.3 │ PTSD（心的外傷後ストレス障害）

虐待は、アタッチメントや情緒面のみならず、記憶にも影響を及ぼす。我々の通常の経験は、その知覚的印象が言語によって解釈され、言語に変換されたうえで記憶、想起される。しかし、虐待のような生存を脅かす圧倒的な経験の場合、言語能力が未熟な子どもは特に、言語に変換することが難しく、知覚的な記憶として保持しやすい。その結果長きにわたって、虐待を受けたときの記憶を視覚や嗅覚や痛みの知覚そのままにフラッシュバックさせたり、トラウマ的な経験を再演したりする。また、トラウマに類似した出来事への不合理な恐怖や、人生に対する無力感を感じやすい。このような状態をPTSD（Post Traumatic Stress Disorder：心的外傷後ストレス障害）と呼ぶ。深刻なPTSDの場合、記憶が途切れたり、自己コントロールや自己感覚に障害が起きるなどの解離症状に至ることもある。

3.4 │ 身体発達への影響

虐待を受けた子どもは、同じ年齢の子どもの平均よりもが身長が低いことが多く、栄養不良では説明できない身体発達の遅れが生じやすい。また、虐待環境から救出され、救出先で世話する大人とのアタッチメント関係ができてくると、身体発達の遅れを取り戻すような急速な成長を見せることもある（藤永ら、1997）。生存が脅かされる環境では成長できず、安心が成長の必要条件ということだろう。

また近年、虐待の脳への影響が注目されている（タイチャー・友田、2006）。虐待によるストレスが原因で、脳にコルチゾルというホルモンが多量に分泌される。コルチゾルは、脳の海馬、扁桃体に悪影響を及ぼすため、虐待を受けた

子どもの海馬、扁桃体の発達が遅れる。海馬は記憶に関わる部位であり、扁桃体は情動を調整する。虐待を受けた子どもが怒りのコントロールが下手なことや、記憶が途切れることは、単に社会性の発達の不全であるだけでなく、虐待がこのように脳に器質的な問題をもたらすために起こるのだと考えられる。

杉山（2007）は、虐待を第4の発達障害と呼んでいる。虐待が単に心因性の不適応症状をもたらすだけでなく、心身に不可逆的な悪影響を及ぼし、その心身のうえにその後の成長を積み重ねていくという点で、まさに発達障害そのものだという意味である。

3.5 │ 良好な予後の条件

3.5.1 救出された時期

虐待の予後が比較的良好であるための条件のひとつは、虐待環境から救出された時期である。時期が早ければ早いほど、予後が良好となる。

かつてルーマニアでは、チャウシェスク大統領による圧政のもと、非常に多くの子どもが劣悪な養護施設で育てられていたという。1989年に政権が崩壊したのち、子どもたちは救出され里親に託されたが、救出時に生後6か月以内だった子どもの予後は、救出時生後6か月を超えた子に比べて圧倒的によかったと報告されている（ラター、2012）。

3.5.2 レジリエンス

レジリエンスとは、危機的な環境から良好な回復をした者が示す心の弾性、すなわち人間的な強さのことである。ハウザーら（2011）は、虐待環境にあった多くの子どもの追跡調査を行い、成人したときに精神的健康が比較的良好だったのは約15％だったことを示した。良好な回復を示した子どもたちはいずれも、自己の内面を振り返り、物事を主体的に捉え、信頼できる人物を見極め関係を深められる、という特性を示していた。このような側面の発達を促す環境を整えることは、虐待を受けた子どもの支援を考える際にも重要である。

4 虐待防止への支援と虐待の治療

4.1 虐待に気づいたとき、子どもの身近な支援者としてすべきこと

　保育士や教諭など、子どもの発達支援に直接関わる立場の人たちは、子ども
に虐待の疑いを感じた際、組織として対応できるよう管理職などに報告するこ
とが必要である。子どもにあざや傷がある場合は、疑いの根拠として写真など
に記録しておくことが望ましい。

　担任教諭・保育士などは、学校・幼稚園・保育所などの場で子どもの安心感、
安全感を確保し、養育者とは異なる大人として、子どもとのアタッチメントが
形成できるような関わりを心がける。組織としては、養育者の話を聞くなどし
て、養育者の育児上、生活上のストレスを把握しサポートを行い、同時に、児
童相談所や自治体の子ども家庭支援センターなどに連絡して対応を依頼する。

4.2 養育者への支援

　虐待が発覚しても、子どもは養育者との生活を継続せざるを得ないことが多
い。子どもが保護されても、家族が再度一緒に暮らすためには、養育者が養育
態度を改善する必要がある。虐待への対応においては、被害者である子どもへ
の支援だけでなく、加害者である養育者が自身の虐待を認識し、適切な子育て
ができるようになるための支援も重要である。

　養育者への個別支援では、虐待に至った経過や理由をアセスメントし、それ
ぞれに合わせた対応を行う。養育者の育児不安や自尊感情の低さ、養育者自身
のトラウマ体験や精神障害、発達障害などを考慮し、養育者自身の問題へのカ
ウンセリングなどを行う。また、子どもへの適切な関わり方や、虐待につなが
るストレスを低減し子どもの安全を確保するために外部の資源の活用方法を教
えるなど、教育的関わりも有効である。

　虐待に悩む養育者のグループを構成し、自らの養育行動、子どもへの思い、
虐待のエピソードなどを語ることを通して、お互いの課題を客観化し、解決法
を見いだしていくようなグループワークも行われている。

COS（Circle of Security：安全感の輪）は、虐待を行ってしまう親などに対するグループワークのプログラムのひとつで、アタッチメント理論を活用したものである。一般に、虐待をする親は子どものアタッチメント行動に対していらだちや怒りなどのネガティブな感情をもちやすい。COSのグループワークでは、セッションごとに、参加者のひとりが自分の子どもと関わっている場面（アタッチメント場面）の記録映像を見て、子どものアタッチメント行動に対する否定的感情について参加者同士の振り返りやディスカッションを行い、内省を深める。わが子のアタッチメント行動が否定的な感情を喚起するのはなぜか、などについて考えられると、養育者と子どもとの関係が変化し始める。

4.3 ｜ 虐待を受けた子どもへの支援

4.3.1 子どもが家庭にいる場合の支援

虐待が発覚しても、虐待の程度が軽く、園や学校などで子どもの心身の安全が継続的に確認可能な場合は、在宅での生活を続ける場合が多い。

そのような場合は、園や学校などに、家庭とは異なる安心できる場を確保し、家庭と異なる価値観を伝え、その場における大人と信頼関係をつくり、子ども同士の関わりを促していくことが望ましい。

また、園や学校と児童相談所、病院などのスタッフが一堂に会して、子どもの情報を共有したり、各々の役割を明確にするなどの機関間連携も重要である。

4.3.2 親と分離された場合の支援

養育者から分離された場合、児童養護施設や里親家庭という安心・安全な環境で、新しい養育者に対してアタッチメント関係をもてるような働きかけがなされる。

虐待の後遺症のために感情コントロールが難しかったり、大人との適切な距離をとることができない場合、虐待を受けた子どもの養育は新しい養育者にとっても困難が大きい。子どもがリミットテスティングを行う場合、そのような行動をとらないではいられない子どもの思いに共感しながら、誠実に、忍耐強く、愛情深く接することが求められるが、子どもの行動に感情をかき乱される

第 10 章 児童虐待 135

ことも少なくない。新しい養育者が直面する困難を支えるために、虐待支援の専門家と連携し、助言を受けながら関係づくりを進める必要がある。

4.3.3　児童虐待による PTSD の治療

　虐待による PTSD は非常に根深く、保護された後も長い間子どもを苦しめる。PTSD への治療は、専門家によるカウンセリングやプレイセラピーなどによって慎重に行われる。安全・安心な環境を確保したうえで、子どもは、カウンセラーなどと一緒に、虐待経験を想起するよう促される。言語的に意識化されていない虐待の記憶を想起し語ったり、箱庭やプレイセラピーなどで非言語的に表すことで、意識できる記憶へと変えていく。その際、深呼吸や、EMDR という独特の眼球運動などのさまざまなテクニックを用いて、恐ろしい経験を想起する際の精神的な動揺を抑えることもある。記憶を意識的に思い出せるようになると、虐待された記憶がもたらす不合理な混乱が少しずつ解消される。

　以上のように、虐待への対応は子どもと養育者のいずれに対しても、子どもと直接関わる支援者による日常的な支援から、専門家による治療的な支援まで幅広く展開される必要がある。

考えてみよう

　以下に示す事例 10-2 では、B くんの予後は比較的良好なようである。どのような要因が B くんの回復に影響をもたらしているかについて、考えてみよう。

事例 10-2　B くん（4 歳）は、両親が離婚し母親が B くんを引き取って働き出したことで保育所に通い始めた。離婚前、父親はカッとすると B くんの母親や兄に暴力をふるっており、B くんも頻繁に殴られていた。B くんは体が大きく、入所当初は、自分の思い通りにならないと友だちを突き飛ばすなどの乱暴が頻繁に見られた。担任保育士は、信頼関係をつくるべく B くんと丁寧に関わり、母親にはこれまでの苦労をねぎらった。5 歳児クラスになる頃には、周囲の子どもの成長により力では勝てない場面が増えてきたり、サッカーが好きになり友だちと一緒に遊びたい気持ちが育ってきたことから、保育士は友だちとの関わりを励ますことを心がけた結果、B くんの乱暴な行動は少しずつ改善されてきている。

●引用・参考文献

藤永保ほか（1997）人間発達と初期環境 改訂版、有斐閣

原田正文（2006）子育ての変貌と次世代育成支援：兵庫レポートにみる子育て現場
と子ども虐待予防、名古屋大学出版会

ハウザー、S、T・ゴールデン、E・アレン、J、P（著）仁平説子・仁平義明（訳）（2011）
ナラティヴから読み解くリジリエンス：危機的状況から回復した「67分の9」の
少年少女の物語、北大路書房

ハウエル、P・パーカー、G・ホフマン、K・マービン、R（2011）サークル・オブ・
セキュリティという取り組み、オッペンハイム、D・ゴールドスミス、D、F（編）
数井みゆき ほか（訳）アタッチメントを応用した養育者と子どもの臨床、ミネル
ヴァ書房、205-246

厚生労働省（2017）平成28年度 児童相談所での児童虐待相談相談対応件数（速報値）
http://www.mhlw.go.jp/file/04-Houdouhappyou-11901000-Koyoukintou
jidoukateikyoku-Soumuka/0000174478.pdf（2017.6.30）

厚生労働省（2016）平成27年度 児童相談所での児童虐待相談相談対応件数（速報値）
http://www.mhlw.go.jp/file/04-Houdouhappyou-11901000-Koyoukintou
jidoukateikyoku-Soumuka/0000132366.pdf（2017.6.30）

Main, M., Kaplan, N. & Cassidy, J.（1985）Security in Infancy, Childhood, and
Adulthood: A Move to the Level of Representation, *Monographs of the Society for
Research in Child Development*, 50（1/2）, 66

ラター、M（著）上鹿渡和宏（訳）（2012）イギリス・ルーマニア養子研究から社会
的養護への示唆：施設から養子縁組された子どもに関する質問、福村出版

齋藤有・内田伸子（2013）幼児期の絵本の読み聞かせに母親の養育態度が与える影
響：「共有型」と「強制型」の横断的比較、発達心理学研究、24（2）、150-159

杉山登志郎（2007）子ども虐待という第四の発達障害、学習研究社

タイチャー、M、H（監修）友田明美（著）（2006）いやされない傷：児童虐待と傷
ついていく脳、診断と治療社

海野千畝子（2015）子ども虐待への心理臨床：病的解離・愛着・EMDR・動物介在
療法まで、誠信書房

Column

児童相談所や児童養護施設における心理職の役割

[1] 心理職がますます重要な時代に

　児童虐待についての通告・相談の増加に歯止めがかからない昨今、現場の最前線で心に傷を負った児童と向き合う児童相談所の心理職の役割はますます重要となってきています。また保護者等からの不適切な養育の結果、児童相談所により一時保護された後も家庭状況が改善せず、施設入所や里親のもとで暮らす児童の暮らしを支えていく場面でも心理職は欠かせない存在です。

[2] 専門的な技術による心理診断・判定を行う児童相談所の心理職

　児童相談所に配属されている心理職の主な業務の内容は、大きく分けて「療育手帳の判定業務」と「心のケアが必要な児童に対する心理療法の実施」があげられます。児童福祉司と呼ばれるケースワーカーとは異なり、心理職には当該児童のもつ性格特性や知的水準などをさまざまなテストバッテリー（WISC／ビネー／ロールシャッハ／箱庭など）を通じて、科学的な検査結果として本人と保護者に伝える役割があります。保護者の了解を得たうえでこの検査結果を必要に応じて保育所・幼稚園や学校のスクールカウンセラー等に伝え、集団生活のなかでの必要な配慮について相談・連携することもあります。さらに、顕在化しにくい性的加害を受けた児童への聞き取りなどには、被害児童の精神的なダメージ回復への高度な心理技術的関わりが求められています。こうした心理的側面からの分析結果は、児童の言葉にならない声を引き出すとともに、親権喪失・親権の一時停止など、児童相談所が家庭裁判所を通じて児童の生存と最善の利益を求めて保護者等と争う場面でも、極めて重要な参考資料となっているのです。

[3] 施設における心理職の役割

　これまで過ごしてきた地域を離れ、施設という新しい環境で暮らし始めることは児童にとって大きなストレッサーとなります。虐待を受けて自己肯定感を失っている児童もいます。例えば施設に入っても、「（これまでの生活と同じように）いじめられてしまわないか」「施設の友だちや職員とうまくやっていけるか」など、さまざまな不安のなかにいることもあります。こうした児童に対して、十分な心のケアを行ううえでも施設内に配置されている心理職の存在は欠かせません。

（奥田晃久／明星大学特任教授）

Column

災害支援という場での心理職
被災地外からの支援者のあり方

　2011年3月11日の東日本大震災後、岩手県の沿岸部を訪れたときにこども発達支援センターの職員からこんな言葉を投げかけられました。

　「何をすべきかという想いで入ってくる支援者よりも、何をすべきでないかを知って入ってくる支援者でいてほしい」

　多くの心理職は、被災地に入るのが初めてでも、心傷ついた人への支援として、傾聴、共感的理解や受容といった「すべきこと」については理解しています。ですが、被災地の人たちが求めていた「すべきでないこと」をよく理解しないまま被災地入りし、現地の教師や専門相談員といった支援者はもちろん、支援が必要であった子どもや大人を混乱させたり、かえって無力感を強めさせたりすることがあったのです。「すべきでないこと」とは何なのでしょうか…。

　ここでは、東日本大震災を含めて他の震災時の心理職のあり方を振り返り、災害支援において「すべきでないこと」について考えてみたいと思います。

◆被災者の日常を軽視した支援

　震災による心のケアでは、サイコロジカル・ファースト・エイドでも、「安全」と「安心」ということが強調されます。ですが、もうひとつの「安」、「安定」が災害時に大きな心の支えとなることを忘れてはなりません。「安定」という支援は、震災前の日課やルール、習慣というものをできるだけすみやかに回復し、日常性を取り戻す支援です。朝の散歩、寝る前の読み聞かせ、定時のおやつ、食卓の囲み方…、こうしたことは毎日の生活を安定させ、その結果、心身の健康を守るのです。被災地外からの心理職の存在は、ある意味、被災地の人にとって非日常性です。そうした人たちが、かろうじて残った日常性に、あるいは回復しつつある日常性に踏み入ってくるということが「安定」を必要とする被災地の人々にどのような影響を与えるだろう、そんな感受性をもってほしいのです。「非常事態だから特別に」という想いではなく、「非常事態だからこそ、被災地の日常性を第一に」という姿勢です。

◆つなぎであるという観点を忘れて行う支援

　被災地の支援者たちも被災者でした。ですから、一時的であれ、被災地外からの支援は大きな助けとなりました。ですが、短期間だけ来て去っていく心理職の

Column

「何でもやってあげよう」「代わりにやってあげよう」という支援のあり方は、被
災地の人たちの心に見捨てられ不安や取り残される孤独感を与えてしまうことが
ありました。被災地外の支援者からの支援は、これまで提供していたものとは異
なっていたり、特殊な専門性の高さがあったりして、地元の支援者はどのように
引き継いでいけばいいのか困惑し、他方、支援を受けた側は、対応の不連続性に
混乱することもありました。期間を限った支援活動であることを自覚し、自分た
ちが何でもやってしまうという直接支援ではなく、自分たちが引き揚げた後も支
援を引き継いで行っていけるよう、地元の支援者を支援する間接支援を心がけ、
地元の支援力をアップさせる研修の提供を工夫することが求められます。

◆自分がいる間に変化を起こそうとする支援

　支援者というのは、一生懸命なときほど、また時間的な余裕がないときほど、
すぐの変化を期待してしまうことがあります。ある種の責任感や使命感をもって
短期間だけ被災地に入る心理職は、普段はしないような「助言を急ぐ」という姿
勢を出し、その結果、助言をされた側に焦りや不安、言われた通りにできないこ
とへの自己嫌悪感を抱かせてしまうのです。心の傷というのは、そう簡単に癒え
るものではありません。それは心の痛みについて共有しあえる環境のなかで、痛
みを抱える個人それぞれに必要な時間をかけて癒されていくということに意味が
あるのだということを忘れてはなりません。

◆支援活動の主人公が自分だと勘違いした支援

　どんなに高い専門性をもっていたとしても、支援活動は、支援を必要としてい
る人のニーズ、また、その人のペースというものを無視して進められるものでは
ありません。「すごいことをしてくれていると思うけど、こちら側の準備ができ
ていなくて申し訳なかった」「自分をアピールしに来たみたいに見える」といっ
た被災者のつぶやきは、心理職が自分の視点だけから支援を行っていることに向
けられたのかもしれません。このような支援は、支援を受ける側がもっている生
きる力やレジリエンスを弱めてしまいます。支援を受ける側こそが支援活動の主
人公であるという観点を改めて認識することが必要です。

　こうして「やるべきでないこと」を振り返ってみると、どれも日頃の心理臨床
的支援において意識しておかねばならない観点であると気づかされます。

（前川あさ美／東京女子大学教授）

第IV部

障害支援の原理と方法

第11章 アセスメント

　障害のある子どもに生じる問題は「障害」や「障害特性」だけでは決まらない。問題は、「障害」も含めた、子どもを取り巻く多くの要因が絡み合って生じる。支援は、それらの諸要因を探り、その相互関係を捉えること、すなわち、アセスメントから始まる。本章は、その考え方と方法の基礎を学ぶ。

1 アセスメントとは何か

　アセスメントとは、査定、評価などと訳されるが、その詳しい定義は支援における専門性の違いや、学問的な基盤の違いなどによって異なっている。本節では、発達臨床の場におけるアセスメントに関して概説する。

1.1 発達臨床支援におけるアセスメント

　発達臨床支援は、「事前評価」「事前評価に基づく支援計画の立案」「支援計画に沿った支援の実行」「事後評価」から成り立っている。そのうち、「事前評価」「事後評価」にあたる作業をアセスメントと呼ぶ。発達臨床の場におけるアセスメントとは、単に心理検査や発達検査などの心理査定を指すのではなく、「包括的であること」が求められる。「包括的である」とは、2つの意味がある。
　第1に、「生物・心理・社会」の3側面を広く捉えることである。第1章で見たように、子どもの行動は、生まれながらにある遺伝的な要因（生物）、現在の心理・教育的な側面（心理）、社会・文化的環境（社会）といった、3つの要因が相互に絡み合って表れる。したがってアセスメントとは、個としての「子ども」のみを対象とするのではなく、周囲の環境のあり方や人々との関係性なども含む、生態学的な「子どもを巡る問題状況」を対象として行う。そしてその問題状況への支援計画を立てるための資料を提供することを目的とする。
　第2に、子どもの心理・教育的な側面に関し、運動発達、言語・コミュニケ

142　　第Ⅳ部　障害支援の原理と方法

ーションの発達、対人・社会性の発達、情動発達など、広く評価することを意味する。例えば、保育者からの主訴に、「5歳の子どもがスムーズに会話ができない」とあったとしよう。しかし、その原因は、言語・コミュニケーションの発達の問題だけにあるのではない。他児とうまく遊べない、情動のコントロールが難しい、集団でのルールを理解できないなど、運動発達の側面をはじめ、幅広い発達のありようが絡んでくるのである。次の事例11-1で考えてみよう。

事例 11-1 「ADHD、不登校ぎみの小学3年生のAくんにどう対応したらよいか」という主訴で、コンサルテーション（第13章参照）を行った。Aくんの状況をアセスメントしたところ、概要は次のようであった。

　まず、生物学的な側面では、ADHDの他に読字の力にも困難があった。心理的な側面では、不注意やワーキング・メモリの低さによる実行機能の不全や読みの困難のため、学習に苦戦している。生活面では忘れ物が多く、しばしば物事を最後までやりきれない。一方、描画や工作では、豊かな発想で優れた能力を発揮できる。社会性の面では、友だちと遊びたいが、ルールから外れやすくトラブルとなり、すぐにかっとなってしまうなど情動コントロールがうまくいかない。Aくんはそんな自分に劣等感を抱いており、自尊感情は低い。社会的な側面では、両親は自宅で営む販売業に忙しく、担任によれば「コンサルテーションの実施は了解されたが、Aくんの状況について保護者はあまり気にかけていないようだ」という。欠席の日には担任が保護者に電話で詳しい事情を尋ねようとするが、保護者は丁寧に応じない。担任はAくんの状況に危機感を感じているものの、30人のクラスには他にも数名の「気になる子」がいて手が回らない。また、現在の教室内でどのような支援ができるかという知識や専門性も不足しており、Aくんには通級指導学級に通ってもらいたいと考えてはいるが、親との面談が実現しない。また、学校全体で取り組んでいる活動に教職員の労力が割かれる傾向もあり、今まで他の教員と共通理解を図って校内での連携体制をつくることができなかった。クラスのなかでも、Aくんの存在に「だらしない子、できない子」という否定的な見方が広がっており、Aくんと関わってくれる友だちがほとんどいないため、休み時間もひとりで過ごすことが多い。これらの結果、Aくんは学校を休みがちである。

このように背景を一つ一つ見ていくと、「Aくんの不登校」の原因は単純ではないことがわかるだろう。Aくんの現在の姿は、Aくんの発達の偏りや、心理・教育上にある幅広い困難、授業方法・内容の問題、クラスのなかの人間関係、教職員の連携、家庭環境、学校と家庭の連携の問題など、多くの要因（支援ニーズ）が絡んで織り出されている（図11-1）。したがって支援に際しては、それらの要因やその大きさ、要因間の相互関係などを見いだし、それぞれに働きかけていく必要がある。このように、問題のありようを見立てて、実現可能で有効な支援方法を判断するための情報を整理する作業、すなわちアセスメントが支援の要となる。

1.2 │ 主たる支援の次元・支援の場の違いとアセスメントの関係

支援は、ひとりの子どもに対して、「生物・心理・社会」の3つの次元に関して、包括的に行われることが望まれる。しかし、それぞれの次元に対する支

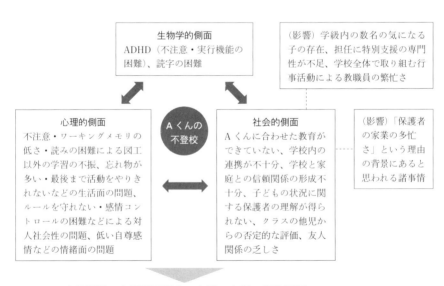

図 11-1　事例 11-1 のアセスメント
出典：筆者作成

援にどのように重きが置かれるかは、障害や問題の状況によって異なる。

　また、子どもを支援する場も、家庭・学校・専門機関など多様である。場の違いによっても、主として働きかける次元や支援方法が異なる。次の事例11-2で考えてみよう。

> **事例 11-2**　小学5年生のBさんは、難病を抱え、知的障害がある。Bさんは月に2回医療機関を受診し、検査と医師の診察を受け、薬を処方される。さらに、作業療法士（OT）[1] によるリハビリテーションも受けるなど、主に心身機能・身体構造に関する支援が行われている。在籍する特別支援学校では、Bさんの個別支援計画に沿い、心理・教育的な発達支援が行われている。放課後は学童保育に通う。そこでは加配の児童支援員を中心に、Bさんの健康状況に配慮しながら、日常生活動作やコミュニケーションの力が向上するよう働きかけられている。かつ、支援員は、Bさんが友だちと遊んだり、当番や班活動をともにこなせるように、物理的環境や活動内容を調整し、まわりの子どもたちにも働きかけ、Bさんが快適に学童保育で過ごせるよう、参加への支援に力を入れている。

　Bさんの例で見るように、Bさんを巡る医療機関、特別支援学校、学童保育における支援には、それぞれの支援の次元の違いに即したアセスメントが必要となる。

　医療機関・療育機関などでは、主に医学・生物的側面のアセスメントに沿い、各種疾患や医学的症状への治療や投薬、肢体不自由や視聴覚障害といった運動障害への治療や訓練など、主に「心身機能・身体構造」への支援が行われる。

　療育機関・発達支援センター・特別支援学校などでは、特別な支援ニーズのある子どもに対し、主に心理・教育的側面を中心としたアセスメントのもとで、運動面から、認知・言語・社会・情動発達などの側面において、「活動」に関する支援が行われる。

　家庭・保育所・幼稚園・学校・学童保育などの生活の場や機関では、日常生

---

[1]　Occupational Therapist。作業療法（身体または精神に障害のあるものに対し、主としてその応用的動作能力または社会的適応の回復を図るため、手芸、工作その他の作業を行う）を行う専門職。

第11章　アセスメント　　145

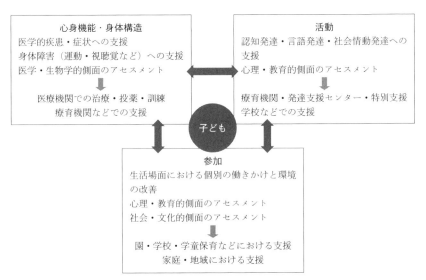

図11-2 主たる支援の次元の違い・場の違いと重視されるアセスメントの関係
出典：筆者作成

活のなかで「言葉の発達を促す」「人と関わる力を伸ばす」など、「活動」レベルへの支援も行いつつ、環境の改善による「参加」のレベルの向上も目指す。したがって、ここでは、心理・教育的側面のアセスメントに加え、社会・文化的側面のアセスメントがたいへん重要となる。この関係を表したものが図11-2である。

2　アセスメントの方法

　アセスメントは、「受付・準備」「情報収集」「情報処理」「支援ニーズの把握」のプロセスから成る。まず主訴と基礎情報を確認して申し込みを受けつけ（受付・準備）、「生物・心理・社会」の3つの側面について情報を収集し（情報収集）、それらの情報を整理して意味づけしたり、情報と情報の合間を結びつけたりして問題状況をつくっている構造を描き出し（情報処理）、支援ニーズを見いだし（支援ニーズの把握）、次の段階である支援仮説の生成と支援計画の立案につ

なぐ。

　ここでは、通常学級における発達障害の子どもに対し、直接の支援者である教師をコンサルティ（第13章2.1参照）として、心理職がコンサルテーションを行う場合のアセスメントの方法を解説する。

2.1 ｜ アセスメントのプロセス

　受付・準備段階では、教師の主訴とニーズを把握する。そして、保護者の考えや、通っている専門機関の見立てなどを資料や教師を介して把握し、問題状況の輪郭をつかむ。それに子どもと学校に関する基礎的な情報を合わせて、問題を暫定的に理解し、収集すべき情報やその方法について大まかな予測を立てる。

　情報収集段階では、行動観察と必要な検査などを行いながら子どもと学校に関する情報、および子どもと学校を取り巻く情報（関連機関との連携や地域の資源や特色など）を収集する。

　情報処理段階では、それらの情報やデータを統合し、情報と情報との相互関係を分析し意味づけし、問題状況の構造を整理する。そのようにして解決すべき真のニーズが見えてくる。それは当初のニーズやオーダーとは必ずしも同じではない。その点を学校と十分に話し合い、共通理解を得たうえで、学校の資源や諸事情などをも勘案しながら支援ニーズの優先順位が決定される。ここまでのアセスメントの作業に基づき、支援のための仮説が立てられ、支援の実行、その評価へという流れとなる（図11-3）。

2.2 ｜ 情報収集の方法

　コンサルテーションにおいて、子ども、学校および子どもと学校を取り巻く家庭その他の環境に関して情報を集め、「生物・心理・社会」の3つの次元の情報としてまとめる。

第11章　アセスメント　　147

受付・準備段階	主訴・ニーズと基礎的情報の把握

教師の主訴・ニーズの把握（事前資料・聞き取り）　保護者の考え（事前資料）
子どもと学校に関する基礎的な情報の把握
　　子どもに関する基礎情報：生育歴・療育歴・関連機関からの情報・家庭状況
　　学校に関する基礎情報：クラスの規模や教員の体制・子どもに対する過去の教育実践と
　　その成果など

問題状況の暫定的な理解・それに基づき収集すべき情報のポイントやその方法をおおまかに
決定

情報収集段階	行動観察・検査などによる情報収集

子ども・学校・子どもと学校を取り巻く環境

情報処理段階	

子ども・学校に関する情報の意味づけと整理
子どもと学校を取り巻く環境に関する状況の整理　　｝相互関係を把握

支援ニーズの把握	

問題状況全体の分析・解釈・理解
支援ニーズの把握
（アセスメント終了）　　支援ニーズの優先順位の判断

支援仮説・支援計画設定→支援の実行→事後評価（次の支援のためのアセスメント）

図 11-3　アセスメントから支援への流れ

出典：筆者作成

2.2.1 「生物」の次元に関する情報収集

　生物の次元に関する医学的情報としては、医学的診断、生育歴や療育歴などがある。発達障害や精神疾患などに対する医学的診断は、「精神疾患の診断・統計マニュアル（DSM）」、または WHO の「国際疾病分類（ICD）」に基づいて医師が行う。身体疾患は客観的で生物学的な所見によって診断が下されるのに対し、発達障害や精神障害などの精神疾患の場合は状態像によって判断され、その重症度を見る。杉山（2009）は、診断（diagnosis）とは、「間（dia）の知識（gnosis）であり、現在の状態から治療へとつなぐ知識を意味する」という。つまり、医学的診断とは、診断名が付与されることによって、適切な養育や教育・保育につなぐためになされるものである。過去の成育歴や療育歴も「生物」の次元に関わる有用な情報である。生育歴とは、生下時体重、出産前後のリスクの有無、首の座りや四つ這いや独歩の月齢などの運動発達の状況、発語の時期

148　　第Ⅳ部　障害支援の原理と方法

などの言葉とコミュニケーションの発達の状況などである。これらの情報は、保護者や保護者の持つ母子健康手帳、保育記録などから、できるだけ詳細な情報を得ることが望ましい。

2.2.2 「心理」の次元に関する情報収集

心理の次元に関する心理・教育的側面については、複数のツールを組み合わせて情報を収集する。この組み合わせを「テストバッテリー」という。ツールには量的ツールと質的ツールがある。

量的ツール

量的ツールとは、標準化[*2]された検査・尺度、構造化面接などである。コンサルテーションの場では量的ツールを使用できないことも多いが、専門機関などでの検査結果があれば、保護者を介してできるだけその資料を参照することが望ましい。標準化された検査・尺度として使われる主なものを表11-1にまとめた。

検査の目的は、数量的結果を得て発達の水準を科学的に把握し、機能的な偏りやプロフィールの特徴をつかむことである。そして、把握した事柄を、現場の支援者が理解できる言葉を用いて、的確にフィードバックしなければならない。また、観察された行動などの質的データとの整合性や関連性が説明できることも重要となる。

また、検査は、構造的な面接場面としての意味もある。言葉の理解や表出の水準はどうか、ターン・テイキング（発話交代）や共同注意があるか、検査者や付き添っている保護者・保育者・教師などの、まわりの人々に対する社会的参照行為があるかなど、言葉とやりとりの発達状況や周囲の人々との関係性を捉えることができる。また、できたときの達成感や誇らしさ、できないときの恥ずかしさや悔しさなど、社会的感情の表出の程度など、情動の発達状況の一端を捉えることができる。

さらに、できる限り「最大量のパフォーマンス」も把握したい。すなわち、フォーマルな手順や指示ではできない場合、説明の方法を変えてみたり、検査

[*2] テスト項目がそれぞれの特定年齢の子どもの基準になるように統計的に定める手続きのこと。

表 11-1　代表的な心理検査

検査で測定されるもの	名称（ヴァージョンは 2017 年現在）	適用年齢	特徴
知能	ウェックスラー式知能検査		同年齢集団内での位置を基準とした標準得点としての偏差知能を算出。各指標（WISC-IV では、言語理解、知覚推理、ワーキング・メモリ、処理速度）の合成得点（偏差値）及びそれに基づく認知プロフィールが得られる
	WPSSI	3 歳 10 か月 ～7 歳 1 か月	
	WISC- Ⅳ	5 歳〜16 歳 11 か月	
	WAIS- Ⅲ	16 歳〜89 歳	
知能	田中・ビネー式知能検査 V	2 歳〜成人	13 歳までの IQ は生活年齢と精神年齢の比、14 歳以上は偏差知能が算出される
認知発達	K-ABC 心理・教育アセスメントバッテリー―Ⅱ	2 歳 6 か月 〜12 歳 11 か月	継次処理能力、同時処理能力、計画能力、学習能力、流動性推理や結晶性能力などを幅広く測定する
認知発達	DN-CAS 認知評価システム	5 歳〜17 歳 11 か月	プランニング、注意、同時処理、継次処理を測定する
発達	新版 K 式発達検査 2001	0 歳〜成人	姿勢・運動、認知・適応、言語・社会の 3 領域につき個別に検査する
発達	KIDS（乳幼児発達スケール）	0 歳〜6 歳	保護者・保育者からの聴取や直接記入によって行う
言語発達	ITPA（言語学習能力診断検査）	3 歳〜9 歳 11 か月	コミュニケーションにおける 10 の機能及び個人内差を測定する
認知特性	ベンダーゲシュタルトテスト	5 歳 〜11 歳、11 歳 〜成人	「視覚・運動成熟度」の評価や、神経機能・脳障害の評価に用いる
教育診断	PEP- Ⅲ	2 歳〜12 歳	自閉症スペクトラム児の診断と評価
適応行動	Vineland- Ⅱ 適応行動尺度	0 歳〜92 歳 11 か月	障害のある人たちの適応行動の水準を客観的に数値化する

出典：筆者作成

の順序を変えて子どもの意欲を支えたり、声の大きさやリズムを子どもに合わせて調整したり、保育・教育場面で使われた題材を利用してみたりするのである。そのようなインフォーマルな手続きによって得られた結果は正式な検査結果ではないものの、どのような補助を行えば到達できるのか、すなわち、「足場かけ」[3] のヒントにもなる。事例 11-3 に紹介しよう。

＊3　発達の最近接領域において大人が指示や質問などさまざまな支援を行うこと。

事例11-3 4歳児Cくんを対象とした保育コンサルテーションを行った。保育士の主訴のひとつに、「色がわからない」とあった。発達検査において「赤はどれ？」など、色の名称を問う質問にはやはり答えられなかった。しかし、その子どもは「戦隊もの」のテレビ番組が大好きだという情報を得ていたので、「○○レッド（戦隊もののキャラクター名）はどれ？」「○○ブルーはどれ？」などと聞いたところ、すべて正しく答えることができた。

　Cくんの場合、「色を弁別できない」「概念としての色名が獲得されていない」のではなく、音声入力としての日本語の色名を獲得していなかったのである。この例では、好きなキャラクター名や英語を補足しながら日本語の色名を獲得させるような言葉かけが有効となるだろう。このように、正式の検査方法ではできない場合、何らかの「足場かけ」を行うことによって、もう少しでできること、また、日常の保育・教育においてどんな「足場かけ」を行えばよいかを見いだすことができる。

質的ツール

　質的ツールとは、行動観察、各種資料、自由面接などの非構造化面接などである。

　学校での行動観察では、授業の参加の様子や発言の内容、学習の態度やノートの内容、姿勢や動作などから、授業の理解度や認知面の特徴を見る。机やロッカーの整理の仕方や給食の食べ方、体操服の着替えの様子などから生活習慣のスキルを見る。友だちとのやりとりや遊びから、対人関係スキル、仲間関係、クラス内での位置づけなどを見る。

　資料としては、学業成績、図工などでの制作物、作文や習字の作品などから、学習の状況や苦戦している事柄、逆に、得意なところや優れている力を把握する。掲示物から、読み書きや書字の困難などが見いだされることもある。描画からは、知的発達の大まかな水準、興味関心の内容や特徴、他者理解の状況などを推測できる場合がある。「○年生のめあて」「将来の夢」などの掲示物によって、自己理解や自己評価の状況の一端をうかがうこともできる。

2.2.3 「社会」の次元に関する情報収集

社会の次元に関する社会・文化的環境の側面については、観察や資料・聞き取り、カンファレンスなどを通して次のような情報を収集する。

学校や学級の状況として、授業方法・内容、指導体制（クラスサイズ、チーム・ティーチングや支援員の配置の有無など）、教室空間の作りやそのわかりやすさ、ルールやスケジュールの提示方法、子どもの席の位置、音や風通しなどの物理的な環境の状況などを見る。学級集団の状況（クラスサイズ、雰囲気や落ち着き、他の特別な支援を必要とする子どもや気になる子どもの存在など）を確認する。教師と子どもとのやりとりから、信頼関係のありようを見る。教師には、個々の教育方針や、「こういう子どもに育ってほしい」「子どもはこうあるべきだ」という子ども観や子どもに要請する行動様式（近藤、1994）がある。また、学校としての問題の捉え方やこれまでの取り組み、教職員間の連携の状況なども、捉えるべき重要な情報である。

家庭に関する情報としては、家族や家庭の状況、保護者の考え、家族と地域とのつながりなどを把握する。その他、学童保育や稽古事など放課後の生活の状況、地域内の子育て支援の資源、外部の専門機関とのつながりなどを把握する。

以上のような情報を統合して情報の相互関係を整理する。そのうえでニーズを把握し、支援のための仮説を生み出していく。

2.3 ｜ 発達臨床アセスメントを行う際の留意点

発達臨床支援におけるアセスメントを行う際の留意点として、西本（2010）は次のように述べている。

1点目は、子どもの姿を、過去の生育の歴史の上に築かれ、未来に向かうベクトルのなかにある可能態として捉える。そのために、マイナスとされる行動は真の支援ニーズへの入り口であると見る。例えば、こだわり・パニック・挑発行動・暴力的な言動などの問題行動とは、「発達要求」としての意味をもつ。発達要求とは、発達それ自体を保障することを通して、「「問題行動」をしなくてすむような力」（茂木、1990）を育ててほしいという、子どもからのメッセ

ージである。また、カナー（1974）によれば、問題行動とは、子どもに関わる人々にとって、連携しながらその背後にある真のニーズを把握し支援につなぐための「入場券」となる。

　2点目は、マイナスの行動やそれが多く現れる場面ばかりではなく、現れない場面や肯定的な行動、強みに焦点を当てることである。子どもの「よくない行動」よりも、「こういうことは得意だ」「こんなにがんばっている」「ここまではできる」ことを拾い上げ、支援計画に活かしたい。そしてそれを生んでいる養育・教育の力や意義を確認する。そのようなアセスメントは、教育者をエンパワメントする。

　3点目として、アセスメントは臨床発達心理の専門家が一方的かつ単独で行うものではなく、保護者や保育者、教師など、子どもに関わるできるだけ多様な人々との協働作業でありたい。協働作業を通して、子どもを巡る人々が子どもに対する感触や見方をすり合わせ、子ども像や問題状況を共有することが望ましい。

●引用・参考文献

カナー、L（著）黒丸正四郎・牧田清志（訳）（1974）カナー児童精神医学、医学書院（Kanner L.（1935）*Child Psychiatry*, Thomas）

近藤邦夫（1994）教師と子どもの関係づくり：学校の臨床心理学、東京大学出版会

茂木俊彦（1990）障害児と教育、岩波書店

西本絹子（2010）保育における発達アセスメント、秦野悦子・山崎晃（編著）シリーズ臨床発達心理学・理論と実践3　保育のなかでの臨床発達支援、ミネルヴァ書房

杉山登志郎（2009）そだちの臨床：発達精神病理学の新地平、日本評論社

第12章 支援活動の展開

　発達支援は、アセスメントに基づいて支援目標を設定し、具体的な支援方法を考え、支援効果の確認と支援目標の調整を適宜行いながら進行する。本章では、目標設定や支援計画の立案、見直しにおいて留意すべきことについて学ぶ。また、具体的な支援技法のいくつかを紹介したい。

1 アセスメントから支援へ

1.1 アセスメントと支援の一貫性

　支援は、アセスメントに基づいて行われなくてはならない。アセスメントを通して、子どもの強みや課題を明確にし、それに基づいて支援計画を立てることが必要である。これは一見当たり前のことに思えるが、特定の支援技法を用いて支援する場合や、あらかじめカリキュラムが設定されている集団指導に子どもを参入させる場合などは、子どもを支援の枠組みに適合させてしまい、子どもに合わせた支援の検討がないがしろにされがちであることに留意したい。

1.1.1 本人の課題点

　アセスメントから支援を考える際には、大きく3つの方向性がある。

　第1は、アセスメントを通して得られた、子どもの課題点に対する支援である。子どもの発達の弱い領域を育てたり、子どもの課題となる問題行動を低減するような支援を行う。

　この際、「子どもの課題点」というのは子ども自身が困っていることであり、大人や支援者が課題と思う点とは異なる可能性があることに留意したい。例えば、事例12-1（後述）にあるAくんの授業中の立ち歩きや他の子どもへの衝動的な乱暴は、Aくんの「課題」ではあるが、Aくん自身が困っているとは限らず、実際に困っているのは教師や周囲の子どもたちだけかもしれない。そのよ

154　第Ⅳ部　障害支援の原理と方法

うな場合、「立ち歩き」「乱暴」を「課題」と見なして行動変容を目指すよりも、その背景にあるＡくんの特性についてアセスメントし、Ａくん自身が困っていることを見いだし、そこに支援の焦点を当てる必要がある。

また、本人が困っていることに対する支援でも、目標の立て方や支援方法が子どもの発達状態と乖離していては支援の効果は上がらない。子どもの発達状態に適した目標に置き換えることが必要である。また、弱い点の克服に特化した支援だけでは、子どもにとって楽しいものになりにくい。得意な分野を育てるといったアプローチとのバランスを考えることが必要となる。

1.1.2 芽生え能力

第2は、子どものなかで今まさに育とうとしている力を育むような支援である。アセスメントで測定された最大量のパフォーマンス（第11章参照）に相当する能力や、時や相手によってできたりできなかったりする能力について、確実にできるように促すことである。このような領域は、ヴィゴツキーのいう「発達の最近接領域」に相当し、教育的な介入の実効が高い。子どもにとっては、はじめは比較的多くの大人の手助けを得ながら、徐々に自分ひとりでできるように導かれるプロセスのなかで、一貫してできたと感じることができ、達成感が得られやすい。

1.1.3 長所を伸ばす

第3は、子どもの得意な領域や好きなことをさらに伸ばすような支援である。長所に注目して後押しすることで、充実感や自信がもてるようになる。また、得意な領域をきっかけにして、友だちとの関わりを深めたり、友だちからの尊敬や信頼を得られる可能性もある。

事例 I2-I

　小学2年生のＡくんの担任教諭に対するコンサルテーション事例である。[主訴] 授業中立ち歩き、授業とは無関係の活動を始める。同級生に対して、衝動的に乱暴をする。注意をしても相手が悪いと言い、反省する様子が見られない。成績はよい。担任は授業中に本児に対応する余裕はなく、教室から勝手に出ない

よう本児と約束するのが精一杯である。担任は、立ち歩き、乱暴をすぐにでも止めさせたい。

［アセスメント］知能検査、教諭、保護者からの聞き取り、行動観察を通して、Aくんについて以下の点が明らかになった（表 12-1 と対応）。

・生物的側面：注意のスパンが短く、ADHD 傾向が疑われる（ア）。

・心理的側面：知能検査では平均以上の知能である。言語面で単語の知識などは豊富だが、言語で深く考える力は未熟であり（イ）、社会的判断が短絡的である（ウ）。他者の行動を、自身への非難や攻撃などとして解釈しやすい（エ）。

・社会的側面：同級生のなかには本児を怖がる子が出てきており、クラスでやや孤立している（オ）。父親から衝動的な体罰を含む叱責を頻繁に受けている（カ）。

1.2 支援目標の設定

1.2.1 目標選択の考え方

支援目標を選択する際は、外から見える行動に直接介入することもあれば、行動の背後にある認知や情動の発達を促すこともある。例えば事例 12-1 の Aくんについては、乱暴に対して叱責や注意をするような直接介入もできるし、背後にある迫害的な認知に焦点を当て、より適応的な認知に変えるという目標を立てることもできる。子どもと関わる場や立場、支援に費やすことができる時間によって、現実的に設定可能な目標は限定されるが、行動面と背後の条件の双方を常に考慮しながら包括的に支援を行うことが望ましい。

選択すべき目標の第 1 は、現在子どもが困っていることの軽減につながる目標である。子どもが生活上必要なスキルを獲得することや、子どもが不適応的なかたちで示していた行動をより適応的なかたちで表せるようにすることなどである。

第 2 は、子どもが家庭やクラスなどによりよく適応できるよう、自尊感情を高めることにつながる目標である。家庭で片づけや手伝いができるようになること、クラスで友だちとより遊べるようになることなどは、子どもがその場の一員として認められ、安心していられることにつながる。そのようなスキルや

態度を育てることも重要な目標である。

　第3は、今後予想される事態をよりスムーズに乗り越えるための基盤を整えるような目標である。例えば、他者の意図の理解が不十分な段階の子どもは、周囲からの意地悪もあまり理解できないため、この段階では大きな問題は起こりにくい。しかし、発達に伴い他者の意図が理解できるようになった段階で、その子どもはこれまで周囲が自分に向けてきた悪意を理解し、深く傷つくかもしれない。このように考えると、現在その子が困っていないとしても周囲の意地悪を制止し、その子が現在から将来にわたってよりよい人間関係が築けるようにすることも、重要な目標となる。

1.2.2　長期的目標と短期的目標

　支援目標には「長期的目標」と「短期的目標」がある。長期的目標とは、1、2年程度のスパンで達成したい目標のことである。短期的目標とは、長期的目標を具体的なステップに分割した、2、3か月で達成したい目標のことである。長期的目標はやや抽象的なものでもよいが、短期的目標は具体的で達成度が客観的に測れるようなものが望ましい。

　以下の事例 12-2 では、事例 12-1 の A くんに対する支援目標と支援方法を例示した。長期的目標②は「言語で考える力を育てる」である。これを実現するためにはさまざまな方法が考えられるが、このクラスではその日の出来事を短い文に書くことを全員の日課にしていたことから、長期的目標に対応する短期的目標を「作文、日記などに経験や感想を書く」こととし、併せて「トラブルの際、起こったことを教師に報告できる」としている。

事例 12-2

[支援目標の設定と支援方法の立案] A くんの支援における長期目標としては、①能動的に参加できるように授業改善を行い、授業への集中時間を延ばす、②言語で考える力を育てる、③適切な社会的認知を育てる、④友だちとの関わりを促す、⑤親が子どもの状態を理解し、子どもへの関わり方を改善する、の 5 点が考えられた。①に対しては、短期目標として「授業に見通しをもって参加する」「授業内で発表などを多く行う」をあげ、それぞれを実現するために、見通しが立ちやす

いような明快な授業を展開する、授業のなかに調べ学習や話し合い学習の時間を設け発表の機会を増やす、などを支援方法として考えた。長期目標②〜⑤についても、それぞれ短期目標、支援方法を立案した（表12-1）。

表12-1　主訴から支援方法までの流れ（Aくんの事例）

主訴	アセスメント	長期的目標	短期的目標	支援方法
・授業中の立ち歩きや勝手な行動をとる　・同級生に対して衝動的に乱暴し、注意しても反省が見られない	ア）注意スパンが短い（生物）	①能動的に参加できるように授業改善を行い、授業への集中時間を延ばす	・授業に見通しをもって参加する　・授業内で発表などを多く行う	・見通しの立ちやすい授業の実施　・授業内での発表や作業の機会を増やす　・授業中の適切な行動を褒める
	イ）言語で考える力に課題あり（心理）	②言語で考える力を育てる	・作文、日記などに経験や感想を書く　・友だちとのトラブルの際、教師に報告できる	・丁寧に作文指導する　・可能な限り、本児の話を共感的に聴く
	ウ）社会的判断が短絡的　エ）被害的な社会的認知	③適切な社会的認知を育てる	・友だちとのトラブルについて適切に振り返ることができる　・友だち関係に関わる動画や物語にふれて、複数の登場人物の気持ちが考えられる	・トラブルの際に、相手の立場を考えるよう促す　・教材『ともだちや』（絵本）などで双方の気持ちを考えさせることから始める
	オ）クラスのなかで孤立（社会）	④友だちとの関わりを促す	・友だちと楽しく遊ぶ	・昼休みにクラス遊びの時間を設ける　・遊び後の感想を聴く
	カ）親の対応に課題あり	⑤親が子どもの状態を理解し、子どもへの関わり方を改善する	・親と教師の信頼関係を深める　・医学的診断を受けることを勧める　・通級学級への参加を勧める	・個別面談の際に養育方針などについて聴く　・スクールカウンセラーを紹介する

出典：筆者作成

1.3 ｜目標と対応する支援方法を考える

　短期的目標を設定したら、それを実現するための方法を考える。短期的目標とそれに対応する方法は同時に検討することが多くなるだろう。支援方法は、獲得させたいスキルや知識を子どもに直接教授するアプローチや、環境設定や周囲の働きかけ方を工夫することで、目標の状態まで子どもを自然に誘導するアプローチなどが考えられる。また、支援方法を考えるプロセスでは、多くの既存の支援技法を活用することも可能である。

1.4 ｜定期的な支援目標の見直し

　目標に沿って支援を行い、おおむね3か月おきに子どもの現状を再度把握し、支援目標を見直すことが必要である。短期的目標は2、3か月ごとに達成状況を把握し、達成できていれば、長期的目標に近づくための次のステップを新しい短期的目標として設定する。達成できていない場合はその理由を考え、同じ目標を継続するのか見直すのか、支援方法を見直すのかを考えなくてはならない。目標が子どもの現在の発達段階から乖離していたり、支援方法が子どもの生活実態に照らして無理があったりすると、支援はうまくいかない。定期的な見直しを通して適宜軌道修正することは、子どもにとっても支援者にとっても重要である。

2 ｜支援の場の構造

2.1 ｜生活の場での支援

　支援の場の構造は、2つに大別される。ひとつは、家庭や通園施設、保育所・幼稚園、学校といった毎日の生活の場において、親や保育者など日常生活の支援者によってなされる支援である。もうひとつは、療育機関や通級学級の個別支援室やスクールカウンセリング室といった場所で、専門家によってなされる

支援である。

　生活の場における支援では、生活のなかで必要とされる行動やスキルを、実際に使われる場面で教えるような支援が考えられる。例えば、挨拶や手助けの要請などの種々のコミュニケーションスキルは、それが必要とされる場で教えられることが最も効率的であり、自発的に使えるようになりやすい。

　生活の場を、子どもの発達にとってより望ましいものにしていく支援もある。親子のアタッチメントを安定させたり、子どもの友だち関係を促したり、子どもに合った良質の遊びをのびのびできるようにする支援などは、それを通して子どもの生活を豊かにすることができる。一般に、子どもの示すさまざまな課題や問題行動の背景には、生活の場の貧弱さが関わることが多い。そのため、生活の場を豊かにする支援は、背景要因を整えることで子どもの問題を間接的に解消することにつながる。

　なお、生活の場での支援は、支援そのものが包括的になるため、支援効果の評価が難しい。それだけに支援効果のアセスメントをあいまいにせずに、定期的に行うことが重要である。

2.2 │ 個別支援室・カウンセリング室における支援

　個別支援室やスクールカウンセリング室における支援とは、子どもが日常生活で示している認知や言語スキル、教科学習などの課題に対して、療育機関や通級学級などで個別かつ専門的に教えたり、日常生活の悩みについて個別にカウンセリングをするような支援である。

　生活で不足するスキルを取り出して習得させた場合、日常場面への般化の状況を確認する必要がある。一般に般化は自然には起こりにくく、日常生活場面に定着させるためのきめ細かい配慮が必要となる。例えば、感情のコントロールが難しい子どもに、支援室で怒りに対処するための深呼吸を教えても、日常生活で深呼吸を自発的に利用するのは容易でない。そのため、支援室で日常場面を想定したロールプレイを行ったり、日常生活で腹を立てたときに、深呼吸が有効であることを思い出させ使用を促すなど、支援室と日常生活をつなぐ支援も必要となる。

160　　第Ⅳ部　障害支援の原理と方法

3 さまざまな支援の理論や技法

3.1 発達的観点に基づく支援

　子どもの発達レベルを、検査や行動観察などのアセスメントに基づいて明確にし、その結果から次の支援内容を導き出すような支援プログラムは、発達の側面ごとにさまざまに開発されている。また、プログラム化はされていなくても、従来の発達研究において明らかにされたさまざまな側面の発達過程に即して、支援の体系を作り上げることも可能である。

　コミュニケーションの分野では、例えば ESDM（Early Start Denver Model）（Rogers & Dawson, 2010）というプログラムでは、自閉症スペクトラム障害の2～5歳児に対して、独自のアセスメントスケールを用いてコミュニケーション行動の発達段階を明らかにし、典型発達に沿ったコミュニケーション行動が可能になるように促す。また、SCERTS モデル（Social Communication, Emotion Regulation, Transactional Supports：社会コミュニケーション、情動調節、交流型支援）（プリザントほか、2010）というアプローチでは、自閉症スペクトラム障害児者のコミュニケーションと情動調節の発達段階についての独自のアセスメントに基づいて、コミュニケーションや情動調節のスキルを順次教える。

　日常の生活スキルの分野では、ポーテージプログラム（清水ほか、2015）などが有効である。知的障害児に対して、衣類の着脱などの日常生活動作の獲得段階をアセスメントし、習得しかけていることをより確実に行えるように支援しながら、現在できているよりも少しだけ高度なスキルを順次教えていく。

　プログラム化されていない能力分野に関しても、例えば、言語発達や認知発達、遊びの発達などに関して、それぞれの領域の発達理論や典型発達における行動の出現順序などに基づきながら、子どもの現在の到達点と次に到達したいレベルを明らかにして、支援につなげることができる。

3.2 ｜目標とする行動を教えるための支援

　目標とする行動を教えるための技法の代表例に、応用行動分析がある。応用行動分析とは、行動理論における行動形成のメカニズムに即して、新しい行動の習得や、現在行っている行動の修正などを促す技法である。何かを教えようとするとき、対象者にとって無理のない課題を設定し、それができたら褒めたり丸をつけることは素朴な支援においても行われるが、応用行動分析はそのような自然な指導プロセスを体系化したものであるともいえる。

　「シェイピング」は、応用行動分析の代表的な手法である。適切な行動を習得するために、ひとまとまりの行動をスモールステップに分ける「行動分析」、ステップごとの行動ができたら褒める「強化」、ステップごとの行動を徐々にひとまとまりにできるようにするための「連鎖化」、行動をとるべき場面の手がかりを与える「プロンプト」、自分で考えて行動できるよう徐々にプロンプトを減らす「フェイディング」などの手続きを用いて、目標とする行動をステップごとに教えていく。

　「ABC分析」と呼ばれる技法では、子どもが問題行動を望ましい行動に置き換えるのを支援する。この技法では、行動を「先行条件」「行動」「結果」の連鎖として分析する。周囲の環境の何らかの要素が、子どもに行動を起こさせる「先行条件」となり、その行動に伴う「結果」が、その行動の定着を左右すると考える。子どもの問題行動が出現する状況を観察し、問題行動の「先行条件」は何か、問題行動の「結果」が子どもにとって好ましいものになっていないかなどを分析することで、子どもにとっての問題行動の意味を明らかにする。そのうえで、「先行条件」となる場面やきっかけを減らす工夫をすること、問題行動を行っても子どもにとって好ましい「結果」が起こらず、より望ましい行動をとったときに好ましい「結果」が生じるように対応を工夫することによって、問題行動を減らしたり、より望ましい行動の定着を促したりする。

　応用行動分析は、専門家が訓練場面で行うこともあるが、親が専門家の支援を得ながら、日常生活のなかで子どもの望ましい行動の定着を促すことも可能である。また、親同士が定期的にワークショップを行いながら、応用行動分析に基づいて家庭での支援を行うペアレント・トレーニングと呼ばれる支援方法

もある（第5章3.3、第14章2.2.3参照）。

3.3 │ 環境調整に基づく支援

　発達障害のある子どもは、感覚や認知面の偏りをもっていることが多いため、それらの特性に配慮した環境調整を行うことで、生活や学習が行いやすくなることが多い。

　TEACCH（Treatment and Education of Autistic and related Communication handicapped Children：自閉症とそれに準ずるコミュニケーション課題のある子ども向けのケアと教育）は自閉症スペクトラム障害児者の支援のための総合的なプログラムであるが、彼らの認知や思考の特性に合わせた環境構成やコミュニケーションの仕方を重視している（内山、2006）。アメリカのノースカロライナ州で展開された、幼児期から就労、自立までの、学習・労働・生活全般にわたる自治体規模の支援の仕組みである。聴覚認知よりも視覚認知が優れているという自閉症スペクトラム障害の特性を活かして、活動する場所の物の配置などを通してその場で行うべき行動を伝える「構造化」、行うべきことをあらかじめリストにして伝え、行動の見通しを立てやすくする「スケジュール」などの配慮によって、生活や学びをスムーズにする環境を整える。さらに、専門的な指導場面だけでなく生活のなかでも支援を徹底できるよう、親と専門家が協力しながら支援を行う。

3.4 │ 自身の内面の理解や対応を促す支援

　自分の心について考えることが可能な発達段階の子どもに対しては、自分の行動の背後にある感情や、自分の障害特性について考え、それらに適切に対処できるよう促す支援を行うこともできる。

　不安や怒りを感じやすい発達障害児に対しては、認知行動療法的なアプローチを適用することができる。認知行動療法では、行動のきっかけとなる先行条件は、外的な出来事に対する個人の捉え方である「認知」と「認知」によって誘発される「感情」であるとし、「認知」や「感情」の持ち方を変化させるこ

とで行動も変化すると考える（スタラード、2006）。例えば、友だちの冗談を自分への侮辱と認知し怒りの感情が誘発された場合、友だちへの攻撃行動につながるかもしれないが、冗談を親しみの表現と認知すれば、楽しい感情が起こり、友好的な行動につながる。さまざまな感情が誘発される対人葛藤場面などについて、マンガやロールプレイなど、自他の認知や感情を把握しやすい手段を用いて考えることで、出来事に対する自身の「認知」「感情」を把握し、コントロールできるような支援を行う。

　思春期以降になると、自己の障害特性や長所、短所などの理解を深めるためのカウンセリングやグループワークなども行われる。

4　包括的支援のための留意点

　支援の技法は多様であり、それぞれが基本とする理論やターゲットとする側面はさまざまである。支援者は特定の技法に習熟し、その技法内でのアセスメントの理念や支援仮説の立て方、具体的な支援計画の立案から支援を着実にできるようになることが重要である。

　ただし、ある支援技法を目の前の子どもに適用する場合、その技法を適用した根拠や、その方法によって達成できることとできないことなどを認識することも重要である。特定の支援方法に固執してしまうと、その支援技法の観点からしか子どもが見えなくなり、包括的な支援ができなくなる。発達支援に当たる際には、常に自らの支援を相対化することが必要である。

　同様に、支援を行ううえでの自身の立場についても相対化することが必要である。自分が支援を行う場での対象児の姿だけではなく、それ以外の場での対象児についても十分考慮することにより、自身が関わる場での対象児の姿の意味を考えなくてはならない。例えば、保護者への支援の結果、家庭での子どもの問題行動は減ったとする。しかし同時に園での問題行動が増えたとしたら、家庭での支援は子どもにとって適切だったとはいえないだろう。支援者は、自分が直接関わらない場面での子どもの姿を総合的に考慮しながら、自身の支援の意味を考えることが必要である。

さらに、各支援理論は取り扱う領域が限定されているため、さまざまな支援の考え方を折衷することで、より包括的な支援につながる。例えば、応用行動分析を用いて子どもに行動を教える際、目標とする行動は発達的な視点から採択し、教える際の環境設定についてはTEACCHの考え方を用いる、ということも可能である。支援においては、子どもにとって最善な方法を用いることが重要であり、いろいろな支援理論を学び、それぞれの優れた点を導入することは、よい意味での折衷主義として積極的に行われるべきである。

●引用・参考文献

プリザント、B、Mほか（著）長崎勤（訳）（2010）SCERTSモデル：自閉症スペクトラム障害の子どもたちのための包括的教育アプローチ1　アセスメント、日本文化科学社（Prizant, B. M., Wetherby, A. M., Rubin, E., Laurent, A. C. & Rydell, P. J.（2005）*The SCERTS Model Assessment: A Comprehensive Educational Approach for Young Children with Autism Spectrum Disorders*, Paul H. Brookes Pub. Co.）

Rogers, S. J. & Dawson, G.（2010）*Early Start Denver Model for Young Children With Autism: Promoting Language, Learning, and Engagement*, The Guilford Press.

清水直治・吉川真知子・日本ポーテージ協会（2015）発達が気になる子どものためのポーテージプログラム入門：0歳から家庭でできる発達支援、合同出版

スタラード、P（著）下山晴彦（監訳）（2006）子どもと若者のための認知行動療法ワークブック、金剛出版（Stallard, P.（2002）*Think Good-Feel Good: A Cognitive Behaviour Therapy Workbook for Children and Young People*, John Wiley & Sons Ltd.）

内山登紀夫（2006）本当のTEACCH、学習研究社

Column

療 育 機 関 で 働 く と い う こ と

　日本では少子化が叫ばれて久しく、年間出生数は減少の一途を辿っているにも
かかわらず、近年、療育機関への相談件数は増え続けています。最近では療育機
関を利用する幼児は地域の幼児人口の10％を超える勢いです。これは、障害の
早期発見・早期介入が進み、低年齢から支援が開始されることや、知的遅れを伴
わない発達障害への支援の必要性が認知されるなど、新たなニーズの掘り起こし
に因るものです。保護者がわが子の発達の問題に悩み専門家に相談したいと思っ
たとき、乳幼児健診や保育所・幼稚園、学校でわが子の発達の問題を指摘され、
専門機関への受診を勧められたとき、紹介先の第１選択は居住地域にある療育機
関です。その代表である地域療育センター（第13章１も参照）は、医療（診療、
評価、訓練）と福祉（相談、療育指導、地域支援）の機能を併せ持ち、多くの専
門職種（医師、看護師、心理職、言語聴覚士、作業療法士、理学療法士、保育士、
児童指導員、ケースワーカー、管理栄養士など）が働いています。また、地域に
おける障害支援の中核的役割を担い、関連機関（保健所、保育所・幼稚園、学校、
児童相談所、病院、子育て支援センター、発達障害者支援センターなど）と連携・
協働して、障害のある児と家族の生活全体を把握し、ライフステージに即したト
ータル・ケアを行う仕組みを作り上げています。

　そんな療育機関で働く利点は、第１に地域・生活密着型支援ができること。利
用者にとって身近でアクセスしやすく、必要に応じて家庭訪問や利用者が日常通
う施設（保育所・幼稚園、学校など）への訪問指導など、生活に密着したシーン
で支援を行います。第２に専門性を十分に生かせること。子どもと家族が抱える
問題に対応できる専門職種が揃い、チームアプローチを行うことにより、自分の
専門性を生かしたトータル・ケアが可能になります。また、関係機関への支援や
地域の啓発活動にも従事します。第３に利用者のさまざまなニーズに柔軟に対応
できること。関係機関ネットワークを活用して地域資源や他機関の情報提供を行
うなど、情報センターやコーディネーターの役割を担います。

　療育機関で働くスタッフは、地域における障害支援の最前線を担うものとして、
時代のニーズに即した専門性とサービスの創発が常に求められています。

（三隅輝見子／川崎市南部地域療育センタースーパーバイザー）

第13章 コンサルテーションと地域支援

　子どもの育ちを支援する心理職は、療育機関や教育センターなどの専門機関で対応するだけでなく、子どもが生活する場に出向くかたちで地域支援に取り組んでいる。地域に出向くコンサルテーションにはどのような特徴があり何が期待されているのか、巡回相談を例に学んでいこう。

1　障害のある子どものための支援機関

　障害のある子どもに対しては、地域にあるさまざまな関係機関がネットワークをつくり、子どもの成長に応じて一貫した支援を目指す（図13-1）。
　就学前の段階では、通所支援と入所支援に分かれ、通所支援の代表的なものとして児童発達支援センターなどの療育機関と児童発達支援事業がある。「セ

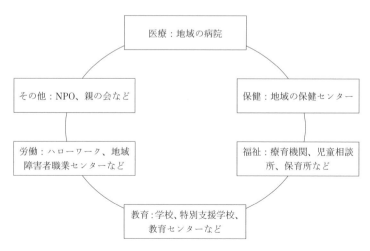

図 13-1　障害児支援機関
出典：筆者作成

ンター」は施設の有する専門機能を活かし、地域の障害児やその家族への相談、障害児を預かる施設への援助・助言を併せて行うなど、地域の中核的な療育支援施設[*1]である（厚生労働省、2017）。そこまでの機能をもたない場合は「事業」である。児童発達支援センターでは専門家（医師、心理士、保育士、ST、PT、OT など[*2]）がチームを組んで子どものための療育プログラムによる支援を行うだけでなく、地域支援（コンサルテーション）機能を併せ持つ。

2 コンサルテーションとは何か

2.1 地域支援におけるコンサルテーションの特徴

　現代の子どもと家族に関わる問題は多岐にわたり、状況は多様化している。子どもと家族が専門機関に出向くのを待って対応するだけでは、支援として十分ではない。問題が大きくなる前の予防的な支援を含めて、子どもの生活場面に出向いてコンサルテーションによる支援を行うようになってきた。

　コンサルテーションとは、「クライエント」と「コンサルティ」と「コンサルタント」の三者のなかで起こる相談や協議のプロセスを指す（高畠、2011）。例えば、問題を抱えた子ども（クライエント）について教師が心理職のコンサルテーションを依頼する場合、相談者である教師が「コンサルティ」、心理職は直接クライエントと相談関係をもたず、間接的に関わる立場の「コンサルタント」となる。コンサルテーションの強みは、a）生活の文脈のなかで子ども理解を深められること、b）生活の場にいる他の専門職と協働で子ども支援にあたること、c）子ども集団に関わるコンサルティを支援することで間接的に多数の子どもたち（例：クライエントと学級集団）の支援につながることであろう。この強みを活かすために、「コンサルタント」には生活の場とそこにある文化（例：

＊1 地域の事情に応じて療育システム、施設名称は異なる。相談、診療、通園の福祉・医療の総合機能をもつ「地域療育センター」と呼ばれる機関もある。

＊2 ST（Speech Therapist）は言語聴覚士、PT（Physical Therapist）は理学療法士、OT は作業療法士（第 11 章脚注＊1 参照）で、いずれも国家資格である。

学級集団の文化、教員組織の文化など）を知る努力が不可欠であり、他の専門職の力を引き出し支援につなげる調整役の働きが必要となる。

コンサルテーションの基本的な特徴は次の4点となる（山本、1986、2000）。

①異なる専門領域の人々との間で行われる対等な援助関係

経験豊富な者とそうでない者との上下関係におけるスーパービジョンとは全く異なる。

②契約上、相談の開始と終わりが明確

カウンセリングと異なり、コンサルタントとコンサルティは一定の距離をもった専門家同士の関係として契約に基づく相談となり、相談の開始・終了は明確である。

③組織内のコンサルティと組織外のコンサルタントとの関係

コンサルティとコンサルタントは同一の組織に所属していない。これは両者の対等な関係のために必要である。

④クライエントの問題を軸に成り立つ関係

コンサルティの抱える個人的な問題や心理的葛藤には焦点を当てない。

2.2 │ コンサルタント（相談員）の基本姿勢

コンサルティの専門性を尊重し協働してクライエント支援にあたるため、山本（1986）の指摘を踏まえて、コンサルタントは次の基本姿勢を重視したい。

①クライエントに対する責任を負うのはコンサルティである。コンサルティ自身の力を引き出すことに重点を置く。

②具体的かつより効果的に対応することに向けて、コンサルティ単独ではなく、所属する組織の関係者を巻き込み、ともに考え支援策を生み出す。外部関係機関との連携が必要な場合は連携をバックアップする。

③コンサルテーションを踏まえて支援に取り組む過程で、コンサルティ自身が学びを深め成長すること、コンサルテーションを通じてエンパワメントされることを目指す。

キーパーソンはコンサルティであることを最重要視して、コンサルタントは支援にあたる。さらに地域における支援を具体的に考えると、教育、福祉、医

療などの専門職だけでなく、実はコミュニティのなかの自然な支援関係（地域の近隣関係、仲間など）が有効であることは多い。自然な支援関係は専門職による支援と補い合うものであることを認識しておく必要がある（舩越、2016）。

3 コンサルテーションとしての巡回相談

3.1 さまざまな現場での巡回相談とその流れ

巡回相談とは、障害のある子どもや不適切な養育状況に置かれている子どもの支援のため、保育所・学校・学童保育所などに専門職が出向くコンサルテーションである。

図13-2は、学校における特別支援教育[*3]と、学校・園などでの巡回相談を

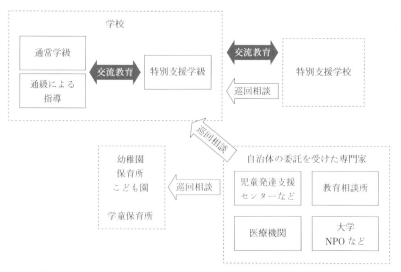

図13-2　特別支援教育と巡回相談
出典：筆者作成

[*3] 図13-2にある交流教育とは、障害のある子どもと障害のない子どもが交流および共同学習を通して相互理解を図ること。

a）受付・準備：
相談員（コンサルタント）は、対象児童（クライエント）の資料をもとに問題状況全般についての仮説を立てる。

b）情報収集：
聞き取り（14:30-15:00）：児童支援員（コンサルティ）による事前説明と打ち合わせ。
行動観察（15:00-17:30）：相談員と行政担当者が、学童保育所の育成場面で行動観察。相談員は観察終了後カンファレンスに向けてのアセスメント資料を作成。

c）カンファレンス（数日後 10:00-12:30）：
相談員作成のアセスメント資料をもとに、参加者全員が意見を出し合い協議する。アセスメントの修正を行い、具体的な支援方針と支援方法を検討。

d）相談終了後：
相談員は報告書を作成。報告書を共有し、教育実践、事後評価。

図 13-3　ある自治体における学童保育所巡回相談の流れ
出典：筆者作成

示している。クライエントは子ども、コンサルティは現場の保育者・教師・児童支援員などの職員である。コンサルタント（相談員）は心理職であったり、医師や心理職などの専門家がチームであたる場合もあり、さまざまである。巡回相談の制度をもつ自治体がそれぞれの実情に合わせて、多様な形式と内容の相談を行っている。

　一例として、ある自治体で実施している学童保育所の巡回相談（障害のある子どもの相談）について、相談の流れの概要を示す（図 13-3）。これはアセスメントと支援の計画にあたり、第 11・12 章を参照してほしい。

a）受付・準備段階

- 相談対象児童 2 名について、コンサルティである児童支援員は保護者の同意を得て相談依頼の資料を作成する。
- 生育歴やこれまでの保育歴・療育歴、学童保育所の育成体制などの基礎資料と相談依頼書により、相談員（心理職）は対象児童と周囲を含めた問題状況全般についての仮説を立てておく。ただしあくまで資料からの読み取りであり、観察を通して仮説を大きく書き変えることはある。

第 13 章　コンサルテーションと地域支援　171

b) 情報収集段階：聞き取りおよび行動観察

- 相談員と行政担当者の2名で学童保育所を訪問し、事前打ち合わせを行う。児童支援員が相談依頼書をもとに、これまでの取り組みと現在の状況について説明を行う。相談主訴を確認し、観察時の生活の流れを確認する。
- 育成場面での行動観察を行い、対象児童の遊びや全般的発達の様子、他の子どもや児童支援員との関わり、児童支援員の働きかけ方や集団運営の仕方などの情報を集める。時には相談員自身が対象児童に働きかけてみて参与観察を行う。児童支援員の当日の働きかけだけでは十分な情報が得られないと感じた場合は、相談員が対象児童の力を引き出す試みを行うことがある。
- 相談員は行政担当者による観察情報も聞き取ったうえで、カンファレンスに向けてのアセスメント資料を作成する。

c) 情報処理段階：カンファレンス

- 観察の数日後にカンファレンスを実施する。児童支援員は非常勤職員も含め、できるだけ多くの者がカンファレンスに参加する。児童館併設型の学童保育所の場合、児童館長も参加する。
- 相談員の作成したアセスメント資料を説明・共有しながら、出席者全員が意見を出し合い、アセスメントを修正し、精緻化していく。
- 対象児童の状況、周囲との関係性の状況を検討し、優先課題を明らかにする（支援ニーズの把握）。話し合いのなかで、「最初の相談主訴」と優先課題にずれが生じることもある。
- 共通の子ども理解（アセスメント）に基づき、支援方針と実際の具体的支援方法を検討する。

d) 相談終了後

- 相談員はすみやかに報告書を作成する。巡回相談を通して検討された、対象児童の発達状況や子ども集団・児童支援員の関わり・物理的環境などに関する課題と支援方法を整理する。
- 学童保育所の組織として報告書を児童支援員全員で共有し、支援の実践と事後評価につなげる。

3.2 カンファレンスを通しての支援

3.2.1 発達的要因と関係性の視点

巡回相談の要はカンファレンスにある。相談員の基本姿勢は、①コンサルティである職員自身の力を引き出すこと、②対象児童の担当職員だけではなく、職員全員を巻き込んで具体的な支援を検討すること、③巡回相談とその後の取り組みが職員自身の成長につながること、である。

この基本姿勢を踏まえつつ、実際のカンファレンスでは、観察や検査を通して子どもと問題状況について気づいた点を相談員が提示する。これを糸口に、職員が日常のエピソードのなかから同様の気づきを語り、あるいは異なる視点の気づきを出していく。カンファレンスはこうした参加者全員での問題状況の読み解きのプロセスである。

このプロセスにおいて、相談員は発達的要因と関係性の両面からの子ども理解を念頭におく。問題状況は子ども側の発達的要因だけではなく、まわりの人々との関係性や物理的環境要因のなかで起きているからである。人は目の前の状況の困難に圧倒されると、関係性に目が行かなくなり、子どもだけを問題視しがちとなる。あるいは目の前の問題状況への即効性ばかりを求めがちとなる。そうしたもつれを協働で解きほぐす作業を行うのである。

事例 13-1 ダウン症のＡくん（5歳）は頑固なところがあり、散歩から保育所に帰ってきても玄関先に座り込んでなかなか動こうとしない。「みんなでおやつにしよう」と声をかけても聞き入れない。あげく、気に入らないとつばを吐く。巡回相談の事前打ち合わせでは、保育士は手を焼いていることが伝わってきた。このとき保育士の気持ちはＡくんに対する否定的な見方で支配されている。

それでは相談員から見たＡくんはどうであろうか。目が合うといきなり威嚇するような声をあげてくる。しかし、ままごとセットで遊び始めたＡくんを見ていると、近くで遊んでいた他児が「Ａくん、はい」と差し出した料理の皿を笑顔で受け取っていた。それからＡくんもお皿に食べ物をのせて担当保育士に渡すのであった。Ａくんの否定的な行動ばかりが話題にされていたが、実は大人や他児との良好な関係は生じており、何よりＡくんの嬉しそうな笑顔が印象的であった。

カンファレンスでは、観察時のエピソードを契機に、Aくんの笑顔が見られたこれまでのエピソードを保育士たちで拾い出していった。他児が一緒にいる場面では笑顔が多く、担当保育士と1対1の閉じた関係になると大人を試すような行動が増えている。他児と一緒に配膳の手伝いをしてくれたとき感謝すると、本当に嬉しそうな表情を見せた。このような、Aくんについての肯定的な報告が続き、「手を焼くAくん」は「私たち大人や他児に認めてほしいと感じているAくん」に変わっていった。

　否定的な見方をされた子どもはますます否定的行動を強める。他者との関係性が肯定的なものに変わることでこのような子どもは成長していくことができる。

3.2.2　コンサルティの主体性の重視

　子どもの発達レベルや特性を踏まえた支援方法を具体化していくときには、コンサルティである職員の主体性を尊重していく。相談員からの一方的な提起を職員が実現困難と感じれば、それは実現不可能である。職員が「こうすればうまくいくかもしれない」と思うような支援方法、実行のハードルが高くない方法が大切である。そのためにもカンファレンスにおいて参加者の自由な意見交換が必要であり、相談員は舵取り役として自由な意見を整理していく。

> 事例 13-2　中1の男子生徒Bくんは最近ASDの診断を受けた。学校では暴言や授業中の勝手な発言が多く叱られることが多い。掃除や班活動になじめず、クラスのなかで浮いた状況にある。どうしたらBくんがクラスに少しでもなじめるのかが担任教師にとっての当面の課題である。Bくんは無関心を装いながら実は他の生徒の活動をよく見ている。相談員が行事を契機にできないかと質問したところ、合唱コンクールが間もなく開催されるとのことであった。Bくんがパソコンやオーディオ機器の操作に詳しいことがわかり、合唱練習の録画の仕事に誘っていこうという提案が担任教師から出された。

　教師が主体的に考え出した支援方法であっても、うまくいかないときもある。しかし主体的に思考したことが次への改善と自信になるのである。

3.2.3 建設的な話し合い

相談員と職員は対等な関係性に立つものである。一方が正論を振りかざすと、相手は本音を出しづらくなることがある。職員一人一人が抱える率直な気持ち、子どもとの関係がきつかったり重かったり、そうした本音も引き出すカンファレンスを目指していく。ただし困難を羅列するだけに終わるのではなく、感じている困難に対して建設的な視点を見いだすための話し合いである。

また、カンファレンスの場で職員が実践している保育や教育活動が、対象児童の発達をどのように支援しているか、これを明らかにする効果は大きい。職員は日々の生活のなかで自らの実践を振り返る余裕がないことが多い。しかし実践を言語化することは、自らの働きかけの意味や活動の意義を明確にし、自覚的に実践に取り組むことにつながる。カンファレンスは職員にとって実践の振り返りと学び、そしてエンパワメントの機会となることを目指したい。

4 ｜ 子ども集団と組織としての職員集団の成長

4.1 ｜ ユニバーサルデザイン教育

阿部（2014）は共生教育を目指して以下の3つの柱を提唱する。

①授業のユニバーサルデザイン化：個別に特別なことをする前にまず、クラスの子どもたち全体にとって「よりわかりやすい」授業を目指すこと

②教室環境のユニバーサルデザイン化：集中できる教室環境を工夫すること

③人的環境のユニバーサルデザイン化：子ども同士が「支え合う・学び合う」クラス環境を育てること

通常学級における巡回相談では、このユニバーサルデザイン教育を目指したコンサルテーションを実施することになる。「授業」を「活動」に置き換えれば、保育所や学童保育所においても当てはまる。特に③の人的環境のユニバーサルデザイン化はインクルーシブ教育を目指すうえでの要となるため、次節で詳しく取り上げる。

4.2 | 子どもの集団づくりと職員の組織づくり

　特定の子どもの問題が相談主訴である巡回相談において、対象児童の問題以上に子ども集団の問題が大きいことがある。安心感のない集団が対象児童の行動を混乱させ悪化させている。そして子ども集団の問題の背景には、教師や児童支援員ら大人側の集団づくりや運営の仕方の問題があることが多い。巡回相談では、職員自身が自ら課題に「気づくこと」、集団運営のあり方を組織の職員全体の問題として考えていくことを目指す。

> **事例 13-3** ▶ 学童保育所に通う小学 1 年生の C さんは人懐こいが落ち着きがなく、小さな行き違いから友だちを叩いたり、逆上して大騒ぎをしてしまう。児童支援員が片づけを指示してもなかなか片づけず、注意すると遊んでいたブロックをわざとぶちまけたりする。支援員は「衝動的ですぐ大騒ぎをする」と捉え、C さんを「困った子」と感じていた。
> 　巡回相談の観察日に、相談員が C さんの様子を見ていると、上級生数名がブロックで遊んでいるところへ C さんが「入れて」とやってきた。断られた C さんは「なんでダメなの？」と激しく抗議。上級生のひとりが「別に入れてもいいけど、いじめられてもがまんできる？」と言う。結局仲間に入れないままそばで遊び始め、他児がブロックで作った恐竜を見て、C さんも試行錯誤で似たようなものを作る。すると他児が「マネするな」と言い捨てる。C さんが大騒ぎをする背景には、C さんを排斥する空気があるのだ。

　相談主訴は子ども（C さん）の行動であるが、実は子ども集団のギスギスした関係こそが大問題であり、これまでその問題をなかなか取り上げることができずにきた。この学童保育所では子どもたちが集まって活動したり帰りの会を実施することはなく、個々が気ままに自分のペースで過ごしてきた。そうした状況で暮らしてきた子どもたちを前に、子ども同士が協力する場面を導入することは困難だと児童支援員は感じていた。

　しかし C さんの問題だけでなく他にも同様のいざこざは絶えない。相談員の指摘を受け、集団づくり自体が優先課題であることを改めて認識することと

176　第Ⅳ部　障害支援の原理と方法

なった。カンファレンスの場で、これまでは言葉にしづらかったことも児童支援員から少しずつ語られ始めた。前から子どもたちの陰湿な空気は気になっていたこと。その一方で「何か手伝いない？」と尋ねてくる子どもは何人もいて、子どもたちは本当は役割を果たしたいという気持ちをもっているという意見。「今日のおやつは○○くんが選びました」という言葉かけひとつで相当張り切る姿が見えるという意見。そうした意見を出し合いながら「この子どもたちの集団づくりに取り組めるかもしれない」という前向きな気持ちが職員の間に醸成されていった。

　そして、職員集団が一枚岩になって育成の方針転換に踏み切る決心をしていった。集団運営を変えることは子ども側の抵抗も大きい。話し合いを重ね、まずは年度の切り替わりに合わせて、特に人数の多い低学年の子どもたちに班活動や集団遊びの時間を設けることにした。子どもたちがしっかり遊び込む時間や、集まりの際に他の子どもの優れた行動に着目させていく機会を作り出す。

　簡単ではないが、児童支援員はお互いを思いやる子ども集団の成長に少しずつ手ごたえを感じてきている。子ども集団や職員組織の空気など、気づいてもやり過ごしがちな問題と直面する契機をつくること、その勇気をもてるよう励ますことは、相談員の重要な役割である。

4.3 │ 優れた実践の言語化と共有化

　多数の巡回相談を重ねるなかで優れた実践に出会うことは少なくない。しかし多忙な日常業務のなかで、職員が自らの実践を言語化する機会は少ない。巡回相談における事前資料作りやカンファレンスは、職員にとっての振り返りの機会ともなる。

　多くの職員が集まるカンファレンスであれば、そこに経験の共有と学びを生起させることが可能である。例えば障害児担当に非常勤職員があたる場合は多いが、経験の浅い非常勤職員は保育・教育に関わる不安を感じていることが多い。職員間で保育・教育の目標を言葉にして共有し、気になる子どもについてそれぞれの目で見た姿を出し合い理解の視点を共有する。相談員の問いかけや整理を通して、経験者の優れた実践の視点を言語化することが、初学者にとっ

ては学びに、経験者にとっては自覚と自信になっていく。さらには、職員自身がこのような学びの機会はより日常的に設けるべきであるとし、普段の打ち合わせ業務の見直しにつながることもある。

　また、巡回相談を通して、教育現場の実情をよく知る相談員が研修会の企画に協力することもある。これは有効な地域支援となる（古屋・吉川、2002）。研修会は、職員の基礎的力量の向上に加え、勤務する自治体の他の教育現場との交流を活性化する。隣の現場では随分と積極的な取り組みが行われていること、具体的な保育や教育が実践者自身によって語られることなどの刺激と学びは大きい。相談員は複数の現場を知っており、外部者であるからこそ、当事者と異なる視点で取り組みを理解し整理することができる。このような相談員ならではの強みを生かして、実践者のための研修会づくりを支援することが期待される。

●引用・参考文献

阿部利彦（編著）（2014）通常学級のユニバーサルデザイン：プラン Zero、東洋館出版社

舩越知行（2016）地域における心理援助と支援の基礎、舩越知行（編著）心理職による地域コンサルテーションとアウトリーチの実践、金子書房、2-39

古屋喜美代・吉川はる奈（2002）保育を有効に支援する相談員、東京発達相談研究会・浜谷直人（編著）保育を支援する発達臨床コンサルテーション、ミネルヴァ書房、181-208

厚生労働省（2017）障害児支援の体系：平成 24 年児童福祉法改正による障害児施設・事業の一元化

http://www.mhlw.go.jp/file/06-Seisakujouhou-12200000-Shakaiengokyokushougaih okenfukushibu/0000117930.pdf（2017.8.21）

高畠克子（2011）臨床心理学をまなぶ5 コミュニティ・アプローチ、東京大学出版会

山本和郎（1986）コミュニティ心理学：地域臨床の理論と実践、東京大学出版会

山本和郎（2000）危機介入とコンサルテーション、ミネルヴァ書房

Column

学童クラブで「共に育ち合う」ということ

　学童クラブは、就労などで放課後等の時間に保護者が留守になる家庭の小学生が、学校から直接「ただいま〜！」と帰ってくる生活の場です。東京都杉並区では１小学校区に１館程度の学童クラブが児童館内または学校内に設置され、複数の学年の子どもたちが夕方までの時間を過ごしています。その中には発達障害やダウン症など様々な障害のある子どもたちもいて、我々児童支援員は、どの子も安心して楽しく過ごせるよう、そして共に成長できるよう心がけています。

　そんなある日、おやつの時間の少し前、当番班の子どもたちが遊びを切り上げて育成室に集まりました。ダウン症のＡ君（２年生）も皆と共におやつの用意をし、準備万端となったところで、お当番たちは館内放送で他児を呼びます。

　３年生のＢ君が、「先生、今日の放送はＡ君にやってもらっていい？」と訊きに来ました。Ａ君は発語が不明瞭です。Ｂ君は続けて、「大丈夫だよ、俺が教えるから」と胸を張ったので、「じゃあ、お願いね！」と任せました。Ｂ君は、「事務室に入る時は「失礼します」って言うんだよ」と教え、放送機器の前で彼にマイクを渡し、隣で「３時、45分に、なりました」「学童クラブの人は」「遊んでいる物を片づけて」と優しく一言ずつゆっくり耳打ち。Ａ君も真似して一生懸命話しています。すると子どもたちが育成室に駆け込んで来て、「今の放送、Ａ？上手！」「私、Ａ君の言ってることわかったよ！だから戻ってきたの」とＡ君に声をかけたりハイタッチしたり。Ａ君もにこにこ顔。その時、私は子どもたちに教えられました。「発音が不明瞭だから放送は難しいかも」「もしかして他の子から「何言っているかわかんな〜い」と言われちゃったら」そんな私の危惧を、皆は見事に吹き飛ばしてくれたのです。さりげなくフォローしながら挑戦させてくれたＢ君、がんばったＡ君、それを受け止めた他の皆。子どもたちはなんて素敵な集団を創っていたのでしょう。その成長に敬意を抱きました。

　助けてもらったり手を貸してあげたりで障害のある子もない子も自分なりに生活できることが、学童クラブの醍醐味です。学区域外の支援学校などに通っていても放課後は地元の学童クラブで共に過ごすことは、卒会後も町で遇えば声をかけ合えるような関係づくりにも繋がっています。

（藤野京子／杉並区児童青少年課児童支援員）

第14章 家族支援

　現代の家族は、地域からの孤立や貧困、教育への過剰なのめり込みなど、実に多様な問題に晒されている。保護者[*1]が「親」となっていくためには子どもの障害の有無にかかわらず、社会とのつながりにより子どもへの気づきや生活の知恵を得て、「親」としての自信を育むことが必要である。

1 多様な家族支援のシステム

　社会の複雑さが増し、核家族化のなかで親族によるサポートを得ることができない家族が増えるなかで、子育ての難しさ、親として成長することの難しさが社会的に認知されるようになってきた。親としての行動は「できて当たり前」と見られがちで、「うまくいかない子育て」に親自身が追い詰められやすい。親となっていく過程は困難を伴うものであり、早期から第三者の支援を得つつ、悩みながらも親としての知識やコツを体得していけるようなサポートが必要である。それゆえ、子育て支援の核として親支援があり、現在の子育て支援のシステムがつくられてきた（表14-1）。

　専門機関が行う家族支援としては、第1に、保健センターで実施される乳幼児健診システムがある。これは、地域に住む乳幼児の全数把握を目指すものである。身体発育検査や予防接種などと同時に、障害の早期発見と早期対応を含む子育て支援の入り口として機能している。健診は障害の早期発見だけでなく、不安を抱えた親子をフォローしつつ、必要な支援につなげる場となる。障害に関する専門機関（医療機関、療育機関）は親にとっての心理的ハードルが高いものであるが、保健センターで実施する遊びの会（親子グループ）などによる継続的支援は、親にとっての心理的負担が少ないことが多い。このような親子グループでの支援により、親子の問題が改善して支援を終了する場合もあれば、

＊1 保護者は戸籍上の親に限らないが、本論では用語を「親」に統一した。

180　第Ⅳ部　障害支援の原理と方法

表 14-1　代表的な家族支援のシステム

家族支援の入り口	・保健センター：乳幼児健診、継続相談、遊びの会（親子グループ） ・医療機関
障害のある子どもの 親子支援	・児童発達支援センターなど（療育機関）：療育プログラム、親支援（個別、グループ） ・園や学校：障害のある子どもの保育・教育 ・医療機関
子育て支援	・子育て支援センター：子育て相談、子育てサークルの育成および支援（親子の遊び、親グループ） ・保育所などにおける子育て支援センター機能
要保護児童などの支援	・子ども家庭支援センター：子育て相談、児童虐待の未然防止・早期発見、関係機関の連携・調整 ・児童相談所：児童虐待を中心とした危機介入、高度な専門的対応

出典：筆者作成

親が子どもの成長を実感して本格的な療育の場を求めていく場合もある。

　第2に、障害のある子どもの親子支援として、児童発達支援センターなど（療育機関）での継続的支援がある。子どものための療育プログラムを行うとともに、個別面談やグループワークによる親支援を行う。

　幼稚園・こども園・保育所などにおけるインクルーシブな障害児保育の場では、教師や保育士が障害のある子どもの親の不安を受け止め積極的に支援することが求められる。

　第3に、子育て家庭の支援活動の企画、実施を行う施設として自治体が設置する子育て支援センターがある。子育て支援センターとして指定された保育所や児童福祉施設は地域の子育て担当者を置き、育児不安の相談や子育てサークルの育成および支援などを行う。NPOや社会福祉法人などが主催する多くの子育てサークルでは、親子が気軽に集い、支援スタッフとともに親子の遊び、親ミーティングなどのプログラムを展開している。

　第4に、虐待、不適切な養育に関する支援の要として児童相談所がある。しかし近年の児童虐待相談件数の急増などにより、児童相談所は緊急かつより高度な専門的対応を中心に動くようになってきた。そこで、身近な市区町村において住民が子育てに関して気軽に相談でき、適切な援助ができるシステムとして、子ども家庭支援センターが置かれるようになった（東京都福祉保健局、2007）。子ども家庭支援センターは、「判定や法的対応を要しないが虐待が危惧

第14章　家族支援　　181

される子どもとその家庭」（坂入、2016）について虐待の未然防止と早期発見・早期支援に取り組んでいる。そして気がかりな家族に関する関係諸機関の連携・調整を図る役割を担っている。

2 親の子ども理解の深まりと関わり方への支援

子どもの障害の有無にかかわらず、家族支援は親が親としての自信を育むことを目指している。親が不安を抱えることで子どもが不安定になり、親子関係の悪循環が生じることは多い。親が安定しゆとりをもって家庭で関わるようになると、子どもの状態が改善し伸びていきやすい。そのためには、①子どもの状況を親が理解できるよう手助けすること、②よりよい具体的な関わり方への気づきを促すこと、③親の思いを傾聴し寄り添うことを、支援者として心がけねばならない。本節で①と②、続く3節では③を詳しく取り上げる。

2.1 子ども理解のフィードバック

支援者は子どもと状況全体を的確にアセスメントして、親に伝えていく。「なぜこのような行動をするのかわからない」「わざと大人を困らせようとしているように思える」などと、親が子どもに違和感を感じていることがある。一方で、そうした思いにとらわれること自体が「親失格」ではないかという自責感情も湧く。そのようなときは、子どもの行動の背景と意味が見えてくると、むやみに誰か（子どもか親自身）を責める必要がないのだと気づくことができる。

子育てサークルのスタッフなのか、毎日通う保育所の保育士としてなのか、専門機関の心理職なのか、親と支援者の関係性はそれぞれで異なる。ただし、共通する点として、親自身の主体性が最も重要であり、理解の押しつけにならないよう伝えていくことが必要である。子どもをよく知る者同士として、子どもの行動や周囲との関係をともに見直しながら、子どもの行動の意味について親が納得できるよう伝えていく。目の前の状況には、「年齢的な一般的発達特性」と「その子どもならではの特性」、「他者（大人や他児）の関わり」などが複雑

に絡んでいる。それらをわかりやすく整理して捉える作業をともに行う。子どもの行動の意味が見えてくると、不可解さに対する親の不安や苛立ちは減少していく。

2.2 | 具体的な関わりへの支援

2.2.1 家庭生活の環境づくりへの支援

　子ども理解の深まりは、親としての自信の第一歩となる。さらに、理解を基に親子の生活がスムーズに流れるようになれば親としての自信と安定、適切な環境のなかでの子どもの発達を期待できる。

　親が育児の不安と負担感を抱えるとき、まずは肩の力を抜いて過ごせるような生活環境を作り出すことができるよう、ともに考えていきたい。親ひとりでは考えが堂々巡りになりがちだが、支援者がともに考えることで子育てを手助けしてくれる人を見いだし、一時保育を利用するなど、状況の打開に向けて動き始めやすい。核家族で子育てする場合、親仲間や保育スタッフとの気軽なやりとりのなかで、食事など毎日の生活の工夫（生活の知恵）を学ぶことの助けも大きい。

　また、就学や放課後の生活など、子どもの生活が変わる移行期を乗り越えていくためには、移行に向けて親自身で調べたり見学したりといった主体的な行動を支えることも必要である。

事例 14-1　Aくんは、赤ちゃんの妹とともに母に連れられて、1歳半乳幼児健診に訪れた。Aくんは多くの親子のなかで落ち着きなく動き回り、母親は目が離せず困っている様子であった。保健師と心理職が母親と面談し、母親の話に耳を傾けたが、打ち解けて話すことは難しいようである。まずは保健センターで実施する遊びの会（親子グループ）と継続的な相談を提案し、母親は了承したものの、実際には遊びの会にも継続面談にも来ることはなかった。

　保健師が何度か家庭訪問を打診し、ようやく了解が得られ保健師と心理職とで家庭訪問を行った。母親は比較的近距離に住む叔母を呼び、一緒に話し合いを行った。母親は不安と抑うつ的な傾向が見られ、叔母が代わりにAくん親子の状況

について話をした。Ａくんの注意が次々移ろい目が離せず、母親は困っており、Ａくんを柱に縛ってしまうことすらあったという。Ａくんの様子は以前よりも悪化し、時折天井を見ながらくるくる回る常同行動が生じていた。母親自身このままではいけないと思いつつ、家を出て保健センターに向かうことがどうしてもできずにいたつらさが涙とともに語られた。叔母のサポートを受けながら一度遊びの会の見学に出向くこと、その際叔母も同行することが話し合われた。身動きできなくなっていた状況を変える契機が得られたことに、実は母親自身ほっとしているようであった。身近な親族である叔母に対して母親自身がSOSを出せたということ自体が、これからＡくんのために動き出すうえでの小さな自信を与えたと思われる。

2.2.2　適切な関わり方への支援

　親が子育てにおける強い不安を抱えていれば、子どもに対してコントロールしようとする関わりが増え、逆に「誘ってものってこない、手に余る」といった思いから関わりから手を引いてしまったりしやすい。そうすると親と子どもの間にいっそうの不安や緊張が生まれる。特に発達障害のある子どもの場合子どもを理解することが難しく、親子の関係性の悪循環から子どもの状態像が悪化するといったことは起こりやすい（小林、2007）。

　支援者は、親との対話、子どもと支援者との実際の関わりを通して、親子の関係性のずれに介入していく。親子グループの場で生じている相互作用に支援者がタイムリーに言葉を返すことで、親の気づきを促していく。療育プログラムとして、親子の関わりの記録映像を使用して親へのフィードバックを行うこともできる。

　その際大切なのは親自身の気づき（主体性）であり、フィードバックを受けて親が自信をなくしてしまうのでは逆効果である。親の一生懸命な思いを酌み、そっけないなかにも垣間見られる親の適切な関わりを拾い上げ、その意味を強調して返すことである。親の行動のプラス面を返しつつ、親の読み取り違いや子どもとのずれに着目していく。親の思いが先行して子どもが見えていないと、子どもにとって過剰刺激を与えて不安にさせてしまいやすい。支援者が子どもの視点で代弁することで、子どもの気持ちに気づきやすくなる。「この子と同じことをやっていると安心するみたい」など、親自身が言葉にした気づきに支

援者が賛同するかたちになるとよいだろう。

　また、親子グループでは他の大人（保育者や他児の親）とわが子の関わり、わが子と他児との関わりを経験する。親と子どもが2人だけで対面する時間と異なる子どもの姿が引き出され、それが子どもを見直す機会となる。保育者とわが子とのスムーズな関わりは親にとってはよいモデルとなる。

　親が親としての自信を育むためにも、上下関係のなかで「教えてもらう」といったかたちではなく親の主体性を尊重した助言を支援者として心がけたい。親が「やがて自ら次々と新しいアイデアを繰り出す「○○くんの支援の専門家」となっていく」（中川、2017）ことこそ、家族支援の目指すところである。

2.2.3　ペアレント・トレーニング

　発達障害のある子どもの行動に葛藤を抱える親を対象に、子どもの適応行動に注目してこれを増やし、不適応行動を減らすことを目指すペアレント・トレーニングが開発され、広まってきている（ウィッタム、2002／上林、2009ほか）。レクチャー、ロールプレイ、ホームワークなどを通じて、親が効果的な関わり方と子どもの行動変容の技術を身につけていくプログラムである（第5章3.3参照）。育児支援にも応用され、心理職などの専門家だけでなく、保育士や保健師といった親子と身近な支援者による実施が可能である。親子の状態に合わせてプログラムをうまく選択していくことが重要である（吉川、2016）。

3　親の心理的安定を支える支援

3.1｜不安定なアタッチメントの修正

　さまざまな問題を抱える家族を支援するうえで、親自身の不安を丁寧に傾聴し、親の気持ちに寄り添うことがまずは必要となる。信頼関係のないところで支援関係を結ぶことはできない。

　子育て支援の場ではよりよい親子関係への変容が目指されており、子どもが親への不安定なアタッチメントをもつ状況が問題となる。実はそこに親自身の

アタッチメント（例：母親と祖母との関係、夫婦の関係）の歪みが隠れていることがある。一般的に子育て支援の場では子どもの育ちに焦点を当て、親自身のもつ課題を掘り下げていくことはせず、必要であれば親自身の課題は別途専門機関につなぐことになる。

一方、虐待など不適切な養育の問題を扱う児童相談所や子ども家庭支援センターでは、親自身の抱える課題に深く向き合う必要がある。多くの場合、家庭生活を継続する親子を見守りつつ親面接や家族面接（カウンセリング）による支援を行う。上記の機関は、親に援助を求める気持ちがなくともニーズを引き出し、援助を受け入れてもらえるようにするという課題に常に向き合っている（坂入、2016）。

虐待の背景には親の原家族の問題やパートナーとの問題など抱えきれない感情があり、結果として子どもに向かってしまうことが多い。森田（2007）は「虐待の連鎖」が生じる機序として、「虐待による親自身の内的作業モデルの不安定化→養育に関する内的作業モデルの不安定化→実際の養育行動上の問題（虐

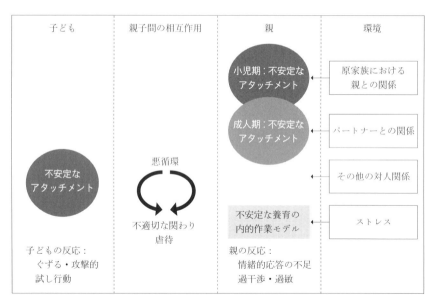

図 14-1　親の内的作業モデルからみた不適切養育のメカニズム
出典：森田（2007）の図を改変

待行動)」という流れを紹介している（図14-1）。

　もちろん人間はこうした連鎖を断ち切る力を秘めた存在ではある。断ち切っていくためにも、不安定なアタッチメントを修正していく内省力が必要となる。この場合のカウンセリングは、カウンセラーとの安心と安定の関係のもとで内省力を高め、親自身のもつアタッチメントを安定化し、養育の内的作業モデルの安定化を図ることと捉えられる（第10章参照）。

3.2 │ 親同士の相互サポート

　親と支援者の関係は支援される者と支援する者の関係にあり、親が上下関係を感じることを完全に拭い去るのは難しい。しかし親同士が話し合い相互に理解を深めてつながることは対等な仲間関係であり、日々の悩みや葛藤を分かち合うことができる。パートナーや子どもの祖父母に打ち明けづらいことも語りやすくなる。先輩の親（障害のある子どもが成長している親）からの話が、自分たち親子のこれからを考える見通しを与えてくれる。そして、仲間に助けられた人は、助ける人になるという（進藤、2017）。

　子どもを育てる家族は長い道のりを子どもとともに歩んでいく。自らが安心安定していられる関係を形成し、そのなかで学び合うことで親として成長する。仲間を自然に助けることが親自身の自信となる。子どもの成長過程の一時期に関わる支援者にとって、こうした相互サポートの会（親の会など）に親をつなぐことは大きな意味をもつものである。

4 障害の受け止めときょうだい支援

4.1 障害の受容

4.1.1 段階的モデルと慢性的悲哀説

　わが子の障害をどのように受け止めていくかは、人それぞれに異なる個別的な問題である。しかし障害の診断後に辿るであろう親の心理的なプロセスについて、支援者としてある程度の傾向を捉えておくことは今後の支援を描くうえで必要である。特に親との協力関係に立てないもどかしさを感じるときに、そうした対応をせざるを得ない親の心理に共感する力が支援者には求められる。

　中田（2009）はドローターの障害受容の段階的モデルとオーシャンスキーの慢性的悲哀説を紹介している。ドローターは先天的な奇形がある子どもの親の感情反応は「ショック・否認・悲しみと怒り・適応・再起」の段階的変化として捉えられるとする。障害が否定的な面だけでなく、最終段階では「親自身の人としての成長」につながることも示唆する。発達障害のある子どもをもつ親についても同様の見方がなされる。ただし先天的な奇形や染色体異常による病気は誕生後早期に障害の告知がなされるのに対し、発達障害は「気にはなっているが、○○までには追いつくのではないか」と診断が後にずれ込みやすい。その分、親は長期間子どもについての漠然とした不安を抱え込むことになる。受け入れがたい気持ちや揺れ動きを長く抱えるほど親の精神状況は追い込まれやすく、結果的に子どもに対して悪影響を及ぼす危険性は高まる。

　慢性的悲哀説では、知的障害の子どもの親の多くは慢性的な悲哀を感じており、ライフイベント（就学、就労、結婚など）とともに悲哀が再燃するのが自然だという。悲哀は内面にあって普段は現れないが、表面化したときには再び段階的モデル同様の反応が生起する。行ったり来たりのなかで家族は少しずつ進んでいく。

　どちらも障害のある子どもの親の自然な反応と捉え、螺旋の階段を登るように少しずつ適応へと進む。そのようなプロセスを信じて親の傍らに寄り添い続けることが支援者の役割であろう。

4.1.2　次のステップに進むための診断

　障害の受け止めに葛藤を伴うことが多い一方で、診断によって家族が次のステップに向かいやすくなることもまた多い。

　発達障害のある子どもはすぐには気づかれにくく、診断は遅れがちになる。周囲とのトラブルが起きる場合もあり、子どもとともに親が謝罪すべき場面は多い。そんなとき「しつけができない親」と周囲から見られること（たとえ批判されなくても自責の念は生じがちである）は相当親を苦しめる。

　発達障害の診断は、親のこのような自責の念を解き放つことができる。しつけの不足ではなく、子ども自身の認知的な偏りから生じた行動であったとわかることで、親自身の気持ちが軽くなる。この点で早期診断の意味は大きい。しかし親の気持ちを急かしすぎることは問題であり、親が自ら考え選択していくことを尊重しなければならない。忍耐強く親を支え待つということは簡単なことではない。単独ではなくチームで親に関わることで支援者も支えられる。

4.2 ｜ きょうだい支援

4.2.1　きょうだいの思い

　障害のある子どものきょうだいは、障害のある兄弟姉妹をどのように理解し、受け止めあるいは悩みをもつのであろうか。家族関係のありようや年上か年下か、早期から障害の診断を受けていたのかそうでないのか、など個別性の大きい問題ではある。しかしどの親にとっても気がかりな問題である。

　一般に障害のある子どもを中心に家族の生活が回ることが多く、結果的にきょうだいにさまざまなしわ寄せが行きやすい。親の関心が障害のある子どもに集中していると寂しい思いを感じ、あるいはきょうだいとしての責任感から期待に応えようとし過ぎてストレスを抱えることがある。時には情緒的な不安定さを示したり思春期に不登校などの問題を生じることもある。

　特に幼少期の段階では、きょうだい自身が主役になる時間、できれば親と1対1で密に関わる時間をつくっていきたい。支援者としては親との会話のなかできょうだいのことを取り上げ、支援の場に同伴してきた際にはきょうだいが活躍できるような機会を作り出したい（縄田、2016）。きょうだいが成長して

いくなかで障害のある兄弟姉妹の受け止め方に葛藤を抱くときがあるのは当然であり、そうした内的な思いを話す相手と機会をもてることが大事に思われる。

学校生活においては、同じ学校の特別支援級に兄弟姉妹が在籍していることがあり、同級生が障害のある子どもをどのように受け入れるかはきょうだいにとって大きな問題である。学校と家庭とがきょうだいのために密に連絡を取り合いながら、周囲の子どもたちに障害のある子どものことを知ってもらうなど状況に応じた配慮を行いたい。

負荷の面に目が向きがちだが、親と同様にきょうだいもこうした問題と向き合うなかで人として成長する側面がある。

4.2.2　障害が明らかになった時期による相違

比較的早期に障害が明らかとなり、親が障害のある子どもを肯定的に受け止めているとき、きょうだいも障害を肯定的に受け止めていけるのではなかろうか。障害のある兄弟姉妹の成長を喜び、その存在を受容し偏見などにも向き合う力をもちやすいように思う。

一方、思春期の段階に発達障害の診断を受けたケースなどでは、障害のある兄弟姉妹はうつや不登校など2次的な障害が絡んで苦しんでいることがある。これまで「ちょっと個性的」と思ってきた兄弟姉妹の苦しむ姿に、きょうだいとしてどう関わることができるのかがわからず、きょうだい自身もまた悩みを抱えやすい。特に親自身の葛藤が大きいとき、きょうだいは孤立感を抱えてしまう。どのような場であれ、きょうだいが自分の思いを吐き出す場があればよいが、支援の場とのつながりが弱い状況にいることが多い。

きょうだいがぶつかるであろう壁について、類似した状況を経験してきた先輩の親との交流は大きな支援となる。親同士の相互サポートの場は、①きょうだいを支えるための親の学び、②きょうだい同士が集って交流する機会づくり、といったきょうだい支援の機能をもつことが求められよう。

190　第Ⅳ部　障害支援の原理と方法

●引用・参考文献

上林靖子（監修）北道子・河内美恵・藤井和子（編）（2009）こうすればうまくいく
　　発達障害のペアレント・トレーニング実践マニュアル、中央法規出版

小林隆児（2007）ストレンジ・シチュエーション法から見た幼児期自閉症の対人関
　　係障碍と関係発達支援、数井みゆき・遠藤利彦（編著）アタッチメントと臨床領域、
　　ミネルヴァ書房、166-185

森田展彰（2007）児童福祉ケアの子どもが持つアタッチメントの問題に対する援助
　　数井みゆき・遠藤利彦（編著）アタッチメントと臨床領域、ミネルヴァ書房、186-
　　210

中川信子（編著）（2017）発達障害の子を育てる親の気持ちと向き合う、金子書房

中田洋二郎（2009）発達障害と家族支援：家族にとっての障害とはなにか、学習研
　　究社

縄田裕弘（2016）児童発達支援センターにおける心理臨床、舩越知行（編著）心理
　　職による地域コンサルテーションとアウトリーチの実践：コミュニティと共に生
　　きる、金子書房、161-180

坂入健二（2016）子ども家庭支援センターにおける心理臨床、舩越知行（編著）心
　　理職による地域コンサルテーションとアウトリーチの実践：コミュニティと共に
　　生きる、金子書房、181-202

進藤美佐（2017）親の会による保護者同士のサポートの実際、中川信子（編）発達
　　障害の子を育てる親の気持ちと向き合う、金子書房、39-47

東京都福祉保健局（2007）子ども家庭支援センターガイドライン
　　http://www.fukushihoken.metro.tokyo.jp/kodomo/kosodate/ouen_navi/guideline.
　　files/centerguide.pdf（2017.8.16）

ウィッタム、C（著）上林靖子ほか（訳）（2002）読んで学べる ADHD のペアレント
　　トレーニング：むずかしい子にやさしい子育て、明石書店

吉川徹（2016）ペアレント・トレーニングとペアレント・メンター、本田秀夫（編）
　　発達障害の早期発見・早期療育・親支援、金子書房、71-80

Column

「自分でいいんだ」を支える子育て支援

　わが子を産んで、初めて胸に抱いたときの喜びと感動は、忘れられないものです。しかし、子どもを育てるということは、日々積み重ねていく長い関わりです。わからないこともたくさん出てきます。不安にもなり、子どもの成長の喜びを感じられなくなってしまうこともあります。子育ての情報は山のように目に飛び込んできますが、わが子への答えがそこにないことも多いですし、情報に振り回されてしまうこともあります。本当に信頼できる人がまわりにいればいいのですが、孤独に子育てをしている母親（父親）がとても多く、「これでいいのだろうか」という思いを自分のなかにためてしまっています。

　私たちの園では、幼稚園入園前の2歳児の時期に子育て相談を兼ねた2歳児親子教室「はらっぱ」を行っています。子育ての悩みを話し合う懇談会では、「どうやってオムツをはずしたらいいのでしょう？」「友だちにおもちゃを貸してあげられなくて…」「好き嫌いが多くて困ります」「何度言ってもわかってくれないんです」などお母さん方の不安が語られます。この話し合いで私が大事にしていることは、「みんな一律に○○しましょう」ではなく、それぞれのお母さんの思い、家庭環境、子どものタイプなどによって一人一人の子育てを考えようということです。例えば排泄の自立であれば、「子どもの心と体の準備が整っているか」など大事なポイントを私が伝えますが、「後はお母さんの決心が大事」とその不安な気持ちや戸惑いを引き出し、励ますようにしています。子どもも親も100人いたら100人それぞれの子育てがある、そこから考え始めようということです。お母さんたちは、そうやって話しながら「自分でいいんだ」と母親としての自分を認めながら子どもと関わろうと思えてくると一歩踏み出せるようです。

　入園した後は、月に一度のクラスの懇談会や学級通信、個別相談などを通じて、わが子や自分のことだけでなく、クラスの友だちやそのお母さんのことなどを知るなかで、いろいろな子どもがいること、そのなかでわが子も共に生きていっていること、子ども自身がつまずいたり、起き上がったりしながら成長していくことを伝えていくようにしています。いろいろな人と一緒に子育てをして、共に成長を喜び合いながら子育てを楽しんでほしいといつも願っています。

（保志史子／和光鶴川幼稚園教諭）

第15章 障害と青年期

　発達障害のある若者は、大人への成長の途上で発達障害独自の発達課題に直面する。しかしこの課題は、典型発達の若者が直面する一般的な発達課題と本質的には変わらない。本章では、発達障害のある若者の学生生活や就労に向けた課題や、それに対する支援の現状などについて見ていこう。

1 発達障害のある人にとっての青年期

1.1 青年期一般の発達課題

　青年期とは子ども時代から大人へと移行する変化の時期である。中学生から就労に至るまでの時期を指し、特に前半の中学生から高校生くらいまでの時期を思春期と呼ぶこともある。

　青年期には、生活空間や人間関係、興味の幅が大きく広がることによって、生まれ育ってきた環境のなかで親などの影響を強く受けてつくられてきた価値観が揺らぎ、自分なりの価値観を模索し、試行錯誤する。それがその後のアイデンティティの確立につながり、次の成人期には、自分なりの価値判断に基づいて自分の生活を組み立て、生活上のさまざまな問題を解決できるようになる。

　このプロセスは、発達障害の有無にかかわらず容易でないことが多い。生活世界を広げる過程で、人間関係に過剰に配慮することを余儀なくされて疲弊し、引きこもりなどにつながることもある。また、他者と共有しにくい興味を追求する結果、社会との接点が乏しくなり、成人期の自立につながらないこともある。現代のように、学校教育を終えた若者の就労が困難な時代においては、青年期を順調に過ごすことはなおさら難しい。

第 15 章　障害と青年期　193

1.2 | 発達障害のある人にとっての青年期の発達課題

1.2.1 ライフスキルの確立

青年期は、その後の大人への自立のために、自身で生活をしていけるよう、さまざまな生活上のスキルを身につけることが必要である。

発達障害がある場合、空間認知や時間認知、先のことを想像する力の偏りなどのために、身のまわりの整理整頓や時間管理、金銭管理など、快適な生活や責任ある暮らしを送るうえでの最も基礎的なスキルの習得に困難をきたしやすい。

また、WHO（1997）はライフスキルという概念を提唱している。これは社会的スキルを含む心理社会的能力であり、日常生活で起こるさまざまな課題に対して効果的に対処するためのスキルである。WHO が成人期において必要であると提唱している 10 のライフスキルは、「意思決定」「問題解決」「想像的思考」「批判的思考」「効果的コミュニケーション」「対人関係スキル」「自己意識」「共感性」「感情対処」「ストレス対処」である。障害の有無にかかわらず、青年期の間にこれらのスキルを一定程度習得することが望ましい。なお、石隈（2016）は、WHO のライフスキルを基に、「自己を知る」「他者・集団と付き合う」「学習を工夫する」「キャリアについて考える」の 4 領域からなる高校生向けの心理教育プログラムを作成した。発達障害者の場合は、これらのスキルは高校期のみならず、長い期間かけて達成するものであろう。

1.2.2 人間関係の拡大

青年期は、発達障害のある青年にとっても、障害のない青年同様に友人関係を深め、親から精神的に独立し、異性への関心を強める時期である。

一般に親は、子どもの身体の成長などに伴い関わり方を変化させる。幼少期より発達障害のある子どもに対してきめ細かな世話をしてきた親も、青年期にはそのような関わりを控えようとすることが多い。その際、発達障害のある若者は、変化への適応が難しいという特性などのために困難を感じやすい。親自身が対人的な関わりが難しいタイプの場合、発達段階に応じた関わりができず、いつまでも子どもに頼られることを期待し、子どもも世話されることを期待す

194 第Ⅳ部 障害支援の原理と方法

る、というような共依存的な関係に陥ることもある。親は親子関係を含む人間関係全般に関して、子どもにわかりやすい説明を添えながら、具体的に教えることが必要である。

この時期に友人関係をうまく築けない場合、対人関係を避けて自分だけの趣味に没頭するなど、引きこもりがちな状態になりやすい。このような状況では自分を客観的に捉えることが難しく、自立に向けて必要な社会的な能力を人間関係のなかで習得できない。そのため、自身の状態を理解し助言してくれるような友人や大人の存在が重要となる。また近年、発達障害のある人たちの自助グループなどの活動が活発になってきている。自分と似た特性をもつ人たちと守られた関係のなかで関わり、発達障害ならではの悩みや困難を共有することによって、相互に理解しあい信頼関係を築くことの大切さが明らかになってきている（木谷、2015）。

障害の有無にかかわらず、思春期の頃から異性への関心が高くなる。発達障害のある若者の場合、人との適切な距離のとり方がわからなかったり、人と関わるスキルの未熟さのため、関心をもつ異性に対して常に後をついて回るなど、誤解を招くような行動をとりかねない。したがって、適切な対人距離のとり方や、相手が心地よい関わり方などについて、丁寧に教える必要がある。

1.2.3　障害受容とアイデンティティ

発達障害のある人にとっての思春期から青年期の課題のひとつは、障害も自分の特性のひとつとして受け容れながらアイデンティティを作り上げることである。

発達障害がある人は、人間関係や学業での失敗が多くなりがちであり、障害への理解が乏しい親や教師からの叱責を受けることも多い。ネガティブな経験の蓄積の結果、自己効力感が低下し、自信をもてない自分について考えることを避けがちになる。その結果、失敗は自分のせいだがどうしようもないとあきらめの感情をもったり、失敗は他の人のせいで引き起こされたのだと周囲に対して怒りの感情をもったりするなど、失敗の原因を自分の特性と関連づけて具体的な対策を考えることに至らない。このような傾向は、青年期に至るまで診断を受けてこなかった場合に顕著である。

第15章　障害と青年期　195

一方、幼少期に診断を受け、心理支援や通級指導教室での支援などを受けてきた場合は、自身の課題と同時に長所についても注意を向ける多様な働きかけを受け、自分を客観視する機会を得やすい。その結果、本人にさまざまな課題があったとしても、失敗を補うための方法を自分で工夫したり、次は失敗しないように自分で対策を立てることができる。例えば、ADHDに伴う時間感覚のあいまいさや忘れ物のために遅刻が多くなりがちな場合、前の晩寝る前に支度を整えるなど、自分なりの対策ができるようになる。

さらに、本人を取り巻く親、友人、教師などが、障害を本人の一部として受け容れる環境にあると、本人も自分の障害を受け容れやすく、必要なときに周囲に助けを求めることもできるようになる。例えば、強い口調で叱責されると動揺しやすいため、注意するときは穏やかにしてほしいと周囲に依頼することなどができる。

このように、他者との関わりを通して自分を客観視する機会をもつこと／自身の特性を客観的に理解し、適応に向けた努力や工夫をすること／他者に受け容れてもらうことなどを通して自分でも自分を受け容れられるようになること、の三者は相互に不可分に関連しあっている。

1.2.4 合理的配慮を求める力をつける

日本は2014年に、国連の障害者の権利に関する条約を批准している。合理的配慮とは、この条約のなかに明記された障害者の権利を保障するための配慮で、「障害者が他の者との平等を基礎として全ての人権及び基本的自由を享有し、又は行使することを確保するための必要かつ適当な変更及び調整であって、特定の場合において必要とされるものであり、かつ、均衡を失した又は過度の負担を課さないものをいう」と定義されている。障害があっても、家庭生活、教育、労働、健康、文化的な生活などのさまざまな場面における基本的な権利が実現するように、社会は一定程度の配慮を行う義務があるという考え方である。例えば、教科書を使っての学習はどの子どもにとっても基本的な権利だが、それがうまくできない読み障害のある児童のために、学校が教科書の音読の録音を提供するといったことである。

合理的配慮は、基本的には本人からの申し出があって提供されるものである。

児童期には、保護者からの申し出でも問題ないが、青年期から成人期にかけては、本人が配慮を要請できるようになることが期待される。自分で要請できるようになるためには、自分の困難を具体的な配慮と関連づける力や、自身には社会に配慮を求める権利や価値があるのだという自身の価値に対する信念や、社会は配慮を提供してくれるはずだという社会への信頼感などを育てておくことが必要となる。

1.3 | 青年期に起こりやすい情緒的な 2 次障害

2 次障害とは、障害が原因で起こる失敗や挫折と周囲の不適切な対応の繰り返しから、感情や行動にゆがみが生じた結果起きる、後天的な不適応症状のことである。2 次障害は小学生段階からさまざまなかたちで見られるが、思春期、青年期になるとゆがみが複雑化するため、2 次障害の方が元来の障害以上に周囲にとっても本人にとっても深刻な問題になることもある。

思春期、青年期の 2 次障害としては、衝動的な乱暴、引きこもり、強い不安、非行などがある。非行に関しては、東京家庭裁判所の調査官によって面接がなされた非行少年のうち、自閉症スペクトラム障害が疑われる者が 2.8%、ADHD が疑われる者が 5.7% であり、通常学級においてそれぞれの障害が疑われる児童の割合よりもやや高い（藤川、2008）。

事例 15-1　A くんは中学生まで、相手の気持ちを配慮せず、攻撃的にずけずけと話し、周囲からは孤立していた。教師が A くんの発言について指導を行おうとしても、「本当のことを言って何が悪い」と反論し、逆に教師をやり込めていた。成績はトップクラスで、生徒会活動なども行っていた。A くんは偏差値の高い高校に問題なく進学したが、高校では学力の高い生徒のなかで良い成績を維持できず、だんだんイライラすることが増えてきた。外出の後、20 分かけて手を洗っても気が済まない、というような強迫的な症状も見られるようになった。そのようななか、近くの商店で万引きをして補導された後、自閉症スペクトラム障害との診断がなされた（小栗、2010 の事例を基に改変）。

第 15 章　障害と青年期　197

発達障害のある非行少年の場合、非行で補導されるまでに発達障害の診断を受けていた者は少ない。診断を受けた者でも、親が障害を認めようとせずに支援につながらなかったり、支援が中断してしまうケースが多い。子どもが必要な時期に必要な支援を受けられなかったことが、子どもの不適応行動の原因と考えられる。事例のAくんの場合も、中学までは成績もよく、自閉症スペクトラム障害の特徴は強く見られるものの、保護者も教師も診断や支援の必要性すら考えていなかった。早い診断と適切な支援が、2次障害を複雑化、拡大させないために非常に重要である。

2　発達時期ごとの発達と支援

2.1　中学・高校における支援

　中学高校は、発達障害のある子どもの多くにとって、過ごしにくい時期となることが多い。現代の中高生の集団は、集団の雰囲気を察し、周囲を乱さない行動をとることを過度に期待しあうことが多いため、雰囲気を察することが苦手な発達障害の生徒はいじめなどに遭いやすい。

　中学生の不登校に占める発達障害児の割合は調査によってさまざまだが（第8章参照）、杉山（2005）によると、不登校を主訴として児童精神科外来を受診した中学生のうち、発達障害の診断が可能なものが50%だった。学習面の問題と同時に、これらの不登校の背景に対人面の問題が大きいことが推測される。

　中学・高校は身体面の変化も大きな時期である。第2次性徴の出現などに伴い、自分への意識も変化する。自己認識が不得意なタイプの発達障害児は、第2次性徴に伴う変化にも無頓着で、人前で下着が見えそうな座り方をしてしまうなど、無防備な行動をとることも少なくない。一方では、変化への対応が苦手で、見通しがもてないことに不安を感じやすい発達障害児は、身体面の変化にも不安を感じやすい。

　中高生時代の課題に対しては、通級指導教室や、不登校の生徒が通う適応指導教室の担任、スクールカウンセラーなどが支えになったり、その場に集う共

通する特性をもった仲間などが支えになることが多い。一方的に大人から指導されるのではなく、仲間や教師からの共感を通して初めて自分で自分の問題を考えられるようになる。

2.2 │ 大学における課題と支援

2.2.1 発達障害のある学生の増加

　現在大学では、発達障害があり大学に何らかの支援を求める学生が急増している。日本学生支援機構（2015、2016）の調査によると、大学に所属する発達障害学生の人数は 2006 年から 2016 年の 10 年間に 339 名から 3,519 名と約 10 倍に増加し、大学が何らかの配慮を行う学生も 82 名から 2,700 名と 30 倍以上に増加している。

　それに伴い、大学での発達障害学生に対する支援の状況も大きく変化し、授業面の支援を行っている大学は 2006 年には 22 校だったのが、2016 年には 331 校に増加し、授業外の支援も 2016 年には 328 校で行われている。

2.2.2 大学での発達障害への合理的配慮

　現在、大学でも障害学生に合理的配慮を提供することが求められている。センター試験などでも合理的配慮を提供している。しかし、支援の実態は大学によって幅があるのが実情である。

　教育場面における合理的配慮は、課題の本質は変えない範囲で、障害学生の困難に合わせた配慮を行うことが基本である。具体的に考えられる合理的配慮としては、視覚障害学生や読み障害学生に向けた教科書のテキストファイルへの変換や点字翻訳、読み書きに時間を要する身体障害学生や書き障害学生への試験の時間延長、時間の見通しを立てるのが困難な ADHD 学生へのレポート課題などの事前通知などがある。他にも、コミュニケーションに課題がある自閉症スペクトラム障害学生に対するゼミなどの討論テーマの明確化や、メンバー構成上の配慮、聴覚認知に弱さがある学生に向けた視覚的に把握しやすい授業、外的な刺激で気が散りやすい ADHD 学生に対する別室での試験実施など、さまざまな手立てが考えられる。自分の障害にとってどのような配慮を求める

第 15 章　障害と青年期　　199

ことが有効かを考えて、学生から申し出て、大学や教員と話し合うことが必要である。

　大学によっては障害学生専門の支援窓口があり、担当者が障害学生の相談にのりながら、必要な支援と大学が提供可能な支援をすり合わせ、学生と授業担当教員との連携をサポートする場合もある。そのような調整作業のプロセス自体が、社会参入に向けた必要な手続きを発達障害学生に教授することにもなる。

2.2.3　合理的配慮を超えた人間関係・居場所づくりの支援

　合理的配慮は、大学が発達障害学生に提供する学業を保障するための最低限の配慮ともいえるが、発達障害学生にとって、大学に居場所や相談できる仲間がいることも非常に大切である。

　発達障害のある学生と健常学生がゆるやかにつながることができる SNS サービスを、障害支援担当職員のサポートのもとで行ったり、静かに昼食をとりたい学生が利用できるようなスペースを大学のなかにつくり、職員の見守りのもとで障害のある学生がゆるやかに集い、時に人間関係を広げるような試みが行われ始めている。そのようにしてつくられた人間関係や、大学を休みがちになったときの教職員や友人からの声かけなどを通して、障害をもつ学生が大学のなかに居場所をつくることが、彼らの大学での適応を促す強力な支援となる。

2.3 ｜ 学業から就労への移行

2.3.1　就労移行の課題

　高校や大学を卒業し学業から就労へ移行すると、それまでは教育という一種のサービスを受ける側から、仕事というサービスを提供する側に立場が大きく変化する。この立場の変化に適応することは、発達障害の有無にかかわらず、青年期の若者の大きな課題である。

　また、現在の就職は、コミュニケーション力や協調性が重視される傾向が強く、発達障害のある青年の特性と合致しにくい。そのため、発達障害学生が就職活動に取り組む際は、職業に関する幅広い見識や、職種の選択にあたって多くの支援が必要となる。

高校については、近年、発達障害学生の就労支援を視野に入れた特別支援学校が設立されるようになった。このような学校では、在学中から卒業後の就労移行を念頭において職業実習を行ったり、障害特性に合わせた就労先の開拓や支援を熱心に行っている。

大学の場合は、障害学生の就職支援に特化しているわけではないため、そのような具体的な支援が少ない。障害学生担当窓口で就労を見据えた指導がなされる大学もあるが、多くの大学では、外部の障害者向け就労支援機関と連携をとり発達障害学生を紹介していくことが中心である。

2.3.2 障害者の就労支援施策

一方、社会の動向を見ると、現在障害者の就労に関する施策が積極的に進められている。平成 28 年に改正された障害者雇用促進法では、すべての企業に対して就労者数の 2%に相当する障害者を雇用することを義務づけている。また、一般企業での就労が難しい障害者に対しては、就労移行支援施設[*1]、就労継続支援 A 型、B 型[*2]などの事業所において、職業訓練や社会的スキルの訓練、労働の機会などを提供している。

主な支援機関として、障害者就労センター、発達障害者支援センターなどがある。これらの機関では、発達障害のある人の就職や就労継続のための支援を行っている。多くの一般企業は発達障害者を雇用した経験がなく、発達障害者に対する支援方法もわからないことが多い。そのような場合、ジョブコーチと呼ばれる支援者が、発達障害者と就職先との間に立って、発達障害者が必要とする合理的配慮と職場で提供可能な配慮のすり合わせを行ったり、発達障害者にとって力を出しやすいよう職場環境を改善するための助言を行ったりする。また、実際に発達障害者が働き出した後も、断続的に 1 年間の支援を続け、彼らが職場環境に不都合を感じたり、体調が悪くなったときなどに、職場との交

---

*1 一般企業での就労が困難な障害者に対して、通常の事業所への一般就労を目標に IT スキルの訓練や社会的スキルの訓練、事業所でのインターンシップといった就労支援を行う施設。
*2 通常の事業所への就労が困難な障害者に対して、就労の機会を提供し、生産活動に関わることで知識や応用力の向上を目指す機会を提供する事業所。「A 型」は事業所と直接雇用契約を結び利用する。「B 型」は雇用契約を結ばずに利用する。

渉のためのサポートを行う。

2.3.3　職場での課題とやりがい

　一般に、発達障害者が就職すること自体は、法定雇用率の制度の後押しもあり、極端に難しいことではなくなっている。しかし、その職場で働き続けることが難しいといわれている。

　障害特性と仕事内容のすり合わせがうまくいかず、仕事で無理を続けたり、仕事内容や環境に対する改善の要望があるのに、それを自分で伝えることができないために、疲労を蓄積してしまうことがしばしばある。また、自身の状態を認知することの難しさから疲労の蓄積を自覚できず、言われるまま業務をこなし続け、突然体調を崩したりうつ状態になってしまい、仕事の継続ができなくなることもある。

　そのような事態を起こさないためには、定期的にジョブコーチとの面談を続けたり、自身の状態を把握する力を高めることなどが有効である。

　障害者雇用を積極的に行っているある企業の社長が、働くことは最大のリハビリであると言っている。無理なく調整された仕事を行うことで自身の強みを発揮し、仲間の役に立ち社会に貢献することは、発達障害のある人にとって、さまざまな2次障害を最小化し、やりがいをもって生きることにつながるだろう。

●引用・参考文献

藤川洋子（2008）発達障害と少年非行：司法面接の実際、金剛出版

石隈利紀（監修）熊谷恵子・田中輝美・菅野和恵（編）（2016）ライフスキルを高める心理教育、金子書房

木谷岐子（2015）自閉症スペクトラム障害の成人当事者が抱える「自分」：M-GTAを用いた質的研究、北海道大学大学院教育学研究院紀要、122、1-25

日本学生支援機構（2015）大学、短期大学及び高等専門学校における障害のある学生の修学支援に関する実態調査分析報告

日本学生支援機構（2016）大学、短期大学及び高等専門学校における障害のある学生の修学支援に関する実態調査分析報告

小栗正幸（2010）発達障害児の思春期と二次障害予防のシナリオ、ぎょうせい

杉山登志郎（2005）アスペルガー症候群の現在、そだちの科学、5、9-21

WHO（編）川畑徹朗ほか（監訳）JKYB研究会（訳）（1997）WHO・ライフスキル
　教育プログラム、大修館書店、11-30

Column

私 が 大 学 生 活 の な か で 得 た も の

　コミュニケーションが苦手。私は長い間、このことにずっと悩み続けていました。子どもの頃から他人とうまく会話をすることができず、友だちをつくることも苦手でした。そのため友だちと遊ぼうとせず、ひとりで遊ぶことも多かったです。他人の話をうまく聞き取ることも難しくて、重要なことを聞き逃して人間関係を悪くしてしまうことが多くありました。自分が興味のある話の輪には入っていましたが、興味のない話には加わろうとしなかったこともあります。自分のことをうまく表現できず、寂しい思いでした。将来何になりたいのかを親から聞かれても答えられず、夢を思い描こうとしてもうまくイメージできませんでした。

　大学に進学し、その苦悩を学生相談室でカウンセラーに相談しました。そこで心療内科を紹介され、自分が広汎性発達障害であると診断されました。私は発達障害とは何かがわからずにいて、「障害」という言葉に愕然としてしまい、自分が普通の人間より劣っていると思い込み、受け入れられなかったです。

　しかし、障害であることがわかって、カウンセラーを通じて大学の授業で先生からさまざまな配慮を受けました。私は聞き取ることが難しいため、先生が言ったことを詳しく書いた資料をもらったり、学期末の課題を提出するのに期日を延ばしてもらったりしました。また、他人の話を聞き逃すことが多い私は、必ずメモを取ることを習慣づけました。これは、母から「人の話をいつもメモしている」と聞いて、私も始めたのです。私から話す場合は、話すことを紙に書いて自分の気持ちを伝えています。

　多くの課題をやり遂げ、卒業論文も提出して、無事に卒業することもできました。相談室のカウンセラーには本当に感謝してもしきれない思いです。自分の障害を素直に打ち明けたら、多くの人が自分を助けてくれるのだと実感しました。この経験を生かし、これから出会う多くの人と助け合いたいです。

　発達障害が日本の社会で理解され始めたのは、つい最近のことです。障害の特性は人によって違うということも、まだまだ知られていないと思います。私は今後、発達障害がどんな障害なのかを多くの人々に伝えていきたいです。そして健常者と私のような障害者がともに生きていける社会をつくりたいと思っています。

(荒井直人)

おわりに

　私たち執筆者3人は、大学で保育士養成や教員養成に携わりながら、30年以上前から巡回相談のチームを組んで、保育所、学童保育、小学校など、子どもが育つ現場に出向いて、発達に困難がある子どもたちや、彼らを直接支援する保育士、放課後児童支援員、教師などを支援する活動をしてきた。

　この20年の間に、障害についての考え方は劇的に変化した。かつて障害は健常と異なるものであると考えられていたが、この間に、非典型発達（障害）と典型発達（健常）を連続体と捉え、環境のあり方が障害そのものを変えることが強調されるようになった。現場で巡回相談をする私たちも、その変化をリアルに感じてきた。その変化は、次のような点に強く感じられた。

　第1に、障害とも健常とも言いがたいグレーゾーンの子どもへの注目が高まった。1980年代後半頃より、保育者・教師などから、従来の「障害」という枠では捉えきれない「気になる子」をどう支援したらよいか、という相談が増えてきたのだ。このような子どもは、学校や園では「気になる子」と見なされるのに家庭では何ら気にならなかったり、保育者や教師が子どもの見方を変えたり、関わりの力点を変えるとあまり気にならなくなるなど、「気になる」ことはその子どもだけの問題ではなく、子どもを巡る状況や大人との相互作用の問題だと考えることができた。そのような子どもたちの大半は、現在なら発達障害と診断されるかもしれない。けれども彼らは何らかの「異常」を、「個」のなかに変わらないものとして抱え込んでいるわけではない。巡回相談で出会う保育士、放課後児童支援員、教師たちが、その場の持ち味を活かしながら、子どもたちにきめ細かく対応することで、障害とみなされていたものが魅力的な個性へと大きく変化するさまを数多く目にすることができたのだ。

　第2に、障害のある子が生き生きと生活できる実践のもとでは、障害のある子を取り巻く他の子どもたちも、必ず生き生きしていることに気づかされた。障害がある子が生き生きできるということは、その場が多様性を認め合える場であるということであり、すべての子どもたちにとってそれぞれのもつさまざまな事情を認め合える、お互いに安心できる場になっているということなのだろう。障害のある子どもに配慮するということは、すべての子どもが生きやすい場をつくることなのだ。

　このような実践からの学びを、子どもが生活する現場での直接の支援者である保

育士・放課後児童支援員・教師などや、そのような職を目指す学生たち、巡回相談などに関わりたいと考えている心理職やそれを目指す学生たちに伝えたいと思ったのが、この本の執筆の動機だった。

　現在、特別な支援を必要とする子が増加し、現場が疲弊しているように感じられる。診断を受けるなど、要支援であるという判断がなされる子どもや、その疑いがもたれる子どもに対して、保育士や教師などの立場で専門的な支援ができないという不安や焦燥感のためのように思われる。しかし、非典型（障害）と典型（健常）が連続的であるのと同じように、専門的な支援と日常生活も連続的である。専門的な支援といえども、日常生活の課題の上に成り立っているのであり、丁寧に日常生活上の支援を行うことは、専門的な支援と質的に変わるものではない。本書が専門的な支援と日常生活の支援の橋渡しになるよう、期待している。

　本書の完成に当たっては、現場に関わる多くの方々や当事者からコラムをお寄せいただいた。お忙しいなかコラムの執筆をお引き受け下さり、ありがとうございました。また、萌文書林の担当編集者である松本さんには、本書の完成に向けてきめ細かい丁寧なサポートをしていただいた。著者一同、心より感謝したい。

2017 年 12 月

西本絹子　古屋喜美代　常田秀子

索　引

あ行

アイデンティティ　193
アスペルガー型　50
アスペルガー症候群　50
アセスメント　142
アタッチメント　23, 185
安全感の輪→COS（Circle of Security：安全感
　　の輪）
育児不安　128
いじめ　88
いじめの4層構造／いじめの4層構造モデル
　　94
いじめ防止対策推進法　88, 97
1次的言葉　80
インクルージョン　14, 17
インテグレーション　16
ウィングの3つ組　50
運動プロセス　77
エコラリア→反響言語
オウム返し→反響言語
応用行動分析　162
音韻意識　79

か行

外在化障害　67
概念化の困難　57
概念形成　44
書き言葉　80
書き障害　75
学習障害　74
過集中　65
家族支援　180
カナー型　50
感覚の過敏さや鈍感さ　59
環境因子　15
環境調整　163
感情　163
カンファレンス　173
強化　162

き

きょうだい支援　189
共同注意　27
起立性調節障害（OD）　103
結果　162
限局性学習症→学習障害
構造化　60, 163
行動　162
行動分析　162
広汎性発達障害　51
合理的配慮　84, 196
国際疾病分類（ICD）　17
国際生活機能分類→ICFモデル
心の理論　11, 33, 56
個人因子　15
子育て支援　128
子育て支援センター　181
子ども家庭支援センター　181
子どもの権利条約→児童の権利に関する条約
子どもの貧困　117
コミュニケーション　38
コミュニケーションスキル　106
語用論上の間違い　57
孤立化　95
コンサルテーション　168

さ行

最大量のパフォーマンス　149
作動記憶　77
3項関係　27, 53
算数障害　76
シェイピング　162
支援計画　154
支援プログラム　161
支援方法　154, 159
支援目標　154, 156
視覚的プロセス　77
時間的展望　104
自己効力感　78
自己主張能力　32
自己の発達　32

索引　207

思春期　193
自尊感情　34, 46, 104, 121
実行機能　58, 63
質的ツール　151
児童虐待　125
児童虐待の防止等に関する法律　125
児童相談所　181
児童の権利に関する条約（子どもの権利条約）
　　116, 125
児童発達支援センター　168, 181
自閉症スペクトラム　51
自閉症スペクトラム障害　49
自閉症発現型　52
自閉性障害　51
社会性発達　45
社会的コミュニケーションの障害　50
社会的参照　27
社会的養護　130
集団圧力　94
就労移行　200
巡回相談　170
障害者就労センター　201
障害者の権利に関する条約　196
障害受容　195
障害の受容　188
象徴遊び　31
象徴機能　28
衝動性　62
情動調整　26
常同的・限定的な行動　50
小児期崩壊性障害　51
ジョブコーチ　201
「心身機能・身体構造」「活動」「参加」　15
身体性の遊び　30
身体的虐待　125
心理的虐待　125
進路形成　107
スケジュール　163
ストレンジ・シチュエーション法　23
スモールステップ　42

成人アタッチメント　129
精神疾患の診断・統計マニュアル（DSM）　17
生態学的な環境　12
性的虐待　125
青年期　193
生物・心理・社会モデル　16
絶対的貧困　114
先行条件　162
相対的所得ギャップ　118
相対的貧困　116
素行症　67

■ た行

ダウン症　37
他者理解　33
脱抑制型対人交流障害　131
多動性　62
段階的モデル　188
短期的目標　157
知的障害　36
注意欠如・多動性障害　62
中枢性統合の弱さ　58
聴覚的プロセス　77
長期的目標　157
通級学級　84
テストバッテリー　149
透明化　95
特定不能の広汎性発達障害　51
特別支援教育コーディネーター　84
とらわれ型の成人アタッチメント　129

■ な行

内言　29
内在化障害　67
2項関係　53
2次障害　84, 109, 197
2次の言葉　80
2次的な情緒障害　19
乳幼児健診　180
認知　163

認知行動療法　163
ネグレクト　125
ネットいじめ　99
ノーマライゼーション　16

は行

発達格差　120
発達課題　193
発達障害　108
発達障害者支援センター　201
発達的観点　10
発達の最近接領域　155
発達要求　152
般化　42, 160
反響言語（エコラリア、オウム返し）　56
反抗挑発症　67
反社会性パーソナリティー障害　67
反応性アタッチメント障害　131
被養育体験　129
フェイディング　162
不注意　62
不登校　101
プロンプト　162
ペアレント・トレーニング　71, 162, 185
放課後の貧困　120
包括的支援　164
報酬系　63
ポーテージプログラム　161

ま行

慢性的悲哀説　188
無力化　95
芽生え能力　155
文字意識　79

や行

薬物療法　70
ユニバーサルデザイン　175
養護的経験　128
読み障害　75

ら行

ライフスキル　194
リミットテスティング　131
量的ツール　149
ルール遊び　31
レット障害　51
連携ネットワーク　111
連鎖化　162

ABC 分析　162
ADHD →注意欠如・多動性障害
ASD →自閉症スペクトラム障害、自閉症スペクトラム
COS（Circle of Security：安全感の輪）　135
DBD（Disruptive Behavior Disorders：破壊的行動障害）マーチ　67
DSM-5　62
D タイプのアタッチメント　129
ESDM（Early Start Denver Model）　161
ICD →国際疾病分類
ICF モデル（国際生活機能分類）　14
ICT（Information Communication Technology）機器　83
LD →学習障害
OD →起立性調節障害
PTSD（Post Traumatic Stress Disorder：心的外傷後ストレス障害）　132
SCERTS モデル（Social Communication, Emotion Regulation, Transactional Supports：社会コミュニケーション、情動調節、交流型支援）　161
TEACCH（Treatment and Education of Autistic and related Communication -handicapped Children：自閉症とそれに準ずるコミュニケーション課題のある子ども向けのケアと教育）　163

●執筆者紹介（執筆順）

西本絹子（にしもと きぬこ）
［担当：第1章、第4章、第7章、第9章、第11章］
明星大学教育学部教授。臨床発達心理士スーパーバイザー、臨床心理士、学校心理士。
主著に『臨床発達支援の専門性』（共編著、ミネルヴァ書房、2018）、『教師のための初等教育相談』（萌文書林、2015）、『学級と学童保育で行う特別支援教育』（編著、金子書房、2008）ほか。

古屋喜美代（ふるや きみよ）
［担当：第2章、第3章、第8章、第13章、第14章］
神奈川大学人間科学部教授。臨床発達心理士、臨床心理士。
主著に『児童生徒理解のための教育心理学』（共編著、ナカニシヤ出版、2013）、『発達と臨床の心理学』（共著、ナカニシヤ出版、2012）、『学級と学童保育で行う特別支援教育』（共著、金子書房、2008）ほか。

常田秀子（つねた ひでこ）
［担当：第5章、第6章、第10章、第12章、第15章］
和光大学現代人間学部教授。臨床発達心理士、臨床心理士、学校心理士。
主著に『社会性発達支援のユニバーサルデザイン』（共著、金子書房、2013）、『コミュニティ援助への展望』（共著、角川学芸出版、2012）、『学級と学童保育で行う特別支援教育』（共著、金子書房、2008）ほか。

［p.28イラスト］藤原ヒロコ
［装画］水野華奈
［装幀］川村格夫
［本文デザイン・DTP］株式会社明昌堂

子どもの臨床発達心理学 未来への育ちにつなげる理論と支援

2018年2月28日　初版第1刷発行

著　者　西本絹子　古屋喜美代　常田秀子
発行者　服部直人
発行所　株式会社 萌文書林
　　　　113-0021 東京都文京区本駒込6-25-6
　　　　TEL：03-3943-0576　FAX：03-3943-0567
　　　　http://www.houbun.com
　　　　info@houbun.com
印刷・製本　モリモト印刷株式会社

©2018 Kinuko Nishimoto, Kimiyo Furuya, Hideko Tsuneta
ISBN 978-4-89347-276-2　　　Printed in Japan
落丁・乱丁本は送料弊社負担でお取り替えいたします。
本書の内容の一部または全部を無断で複写・複製・転記・転載することは、著作権法上での例外を除き、
著作者および出版社の権利の侵害となります。本書からの複写・複製・転記・転載をご希望の場合はあら
かじめ弊社宛に許諾をお求めください。